Apresentação

Esta Novena é um convite para redescobrir a Bíblia. Na companhia de Maria, renovamos a alegria de ser Povo de Deus, unido pela Aliança. Atentos à Palavra do Senhor, e tendo o Êxodo como referência decisiva, o projeto pastoral *Jornada Bíblica*, carinhosamente proposto pelo Santuário Nacional, leva-nos a percorrer etapas significativas da história de libertação que Deus ofereceu ao seu povo eleito.

Na companhia de Moisés, passamos da escravidão para a experiência da Aliança com Deus! Com Nossa Senhora, aprendemos que revestir-se da Sagrada Escritura é um ideal de vida a ser conquistado. Nosso maior desejo é transformar a Casa da Mãe Aparecida no Santuário da Palavra e da Aliança.

Deus libertou do Egito um povo escravizado. Estabeleceu com homens e mulheres uma Aliança, transformando-os assim em seu povo eleito. O próprio Deus-libertador estende sua Aliança a todas as nações. Entre a escravidão do Egito e a Aliança no Monte Sinai, lugar privilegiado para a experiência com Deus e para a promessa de fidelidade, há um caminho longo e desafiador a ser percorrido.

A Bíblia ensina que a infidelidade recorrente e o risco de reconstruir antigas práticas de escravidão sempre estarão presentes. No entanto, Deus jamais vai deixar de acreditar que seu povo pode ser-lhe fiel. O caminho dos cristãos é mais seguro *com Maria, unidos pela Aliança dos mandamentos e das Bem-aventuranças*.

Guiados pela força divina, os profetas denunciam misérias e indigência, insistindo na necessidade de conversão. Apesar das infidelidades, Deus jamais desiste de nós (cf. Jr 18,1-12). Ele é misericordioso e paciente para esperar que homens e mulheres reconheçam escolhas erradas e voltem para Ele e sua Aliança de amor!

Nossos agradecimentos aos redentoristas que prepararam esta Novena. Obrigado ao padre Ferdinando Mancilio, que redigiu o texto. Gratidão aos padres José Ulysses da Silva e Domingos Sávio da Silva, que cuidaram da revisão teológica. Obrigado ao Irmão Alan Patrick Zuccherato e ao Frater Iorlando Rodrigues Fernandes, que selecionaram os cantos que acompanham nossas orações.

Aos devotos de Nossa Senhora nosso muito obrigado e a certeza de nossas orações cotidianas. Com os olhos fixos em Maria, *"a melhor e a mais perfeita discípula da Palavra"*, como ensina Dom Orlando Brandes, queremos seguir os passos de Jesus, sempre na companhia de Jesus, e meditar na Nova Aliança (cf. Hb 8,1-13).

Pe. Eduardo Catalfo, C.Ss.R.
Reitor do Santuário Nacional

Bênção do Santíssimo

(Cântico para a bênção)
1. Tão sublime Sacramento, adoremos neste altar, pois o Antigo Testamento deu ao novo seu lugar. Venha a fé por suplemento os sentidos completar!
2. Ao eterno Pai cantemos e a Jesus, o Salvador! Ao Espírito exaltemos, na Trindade eterno amor! Ao Deus uno e trino demos a alegria do louvor! Amém.

— Do céu lhes destes o Pão.
— **Que contém todo o sabor.**
— **Oremos:** Senhor Jesus Cristo, neste admirável Sacramento nos deixastes o memorial de vossa paixão. Dai-nos venerar com tão grande amor o mistério de vosso Corpo e de vosso Sangue; que possamos colher continuamente os frutos da Redenção. Vós que sois Deus com o Pai, na unidade do Espírito Santo.
— **Amém.**

(O Animador reza, enquanto o Celebrante mostra à Comunidade o Santíssimo Sacramento:)
— Deus vos abençoe e vos guarde! Que Ele vos ilumine com a luz de sua face e vos seja favorável! Que Ele vos mostre seu rosto e vos traga a paz! Que Ele vos dê a saúde do corpo e da alma!
— Nosso Senhor Jesus Cristo esteja perto de vós para vos defender; esteja em vosso coração para vos conservar; que Ele seja vosso guia para vos conduzir; que vos acompanhe para vos guardar; olhe por vós e sobre vós derrame sua bênção! Ele, que vive com o Pai, na unidade do Espírito Santo.
— **Amém.**
(Segue-se a bênção com o Santíssimo)

Louvores a Deus
Bendito seja Deus!
Bendito seja seu santo nome!
Bendito seja Jesus Cristo, verdadeiro Deus e verdadeiro Homem!
Bendito seja o nome de Jesus!
Bendito seja seu sacratíssimo Coração!
Bendito seja seu preciosíssimo Sangue!
Bendito seja Jesus no Santíssimo Sacramento do altar!
Bendito seja o Espírito Santo Paráclito!
Bendita seja a grande Mãe de Deus, Maria Santíssima!
Bendita seja sua santa e imaculada Conceição!
Bendita seja sua gloriosa Assunção!
Bendito seja o nome de Maria, Virgem e Mãe!
Bendito seja São José, seu castíssimo esposo!
Bendito seja Deus em seus anjos e em seus santos!

Oração pela Igreja e pela pátria
— Deus e Senhor nosso,
— protegei vossa Igreja,/ dai-lhe santos pastores e dignos ministros./ Derramai vossas bênçãos/ sobre nosso santo Padre, o Papa,/ sobre nosso Arcebispo,/ sobre nosso Pároco e sobre todo o clero;/ sobre o Chefe da Nação e do Estado/ e sobre todas as pessoas/ constituídas em dignidade,/ para que governem com justiça./ Dai ao povo brasileiro/ paz constante/ e prosperidade completa./ Favorecei,/ com os efeitos contínuos de vossa bondade,/ o Brasil,/ este Arcebispado,/ a Paróquia em que habitamos/ e a cada um de nós em particular,/ e a todas as pessoas/ por quem somos obrigados a orar/ ou que se recomendaram/ às nossas orações./ Tende misericórdia/ das almas dos fiéis/ que padecem no purgatório;/ dai-lhes, Senhor,/ o descanso e a luz eterna.

(Pai-nosso, Ave-Maria, Glória)
— Graças e louvores se deem a cada momento.
— **Ao santíssimo e diviníssimo Sacramento!**

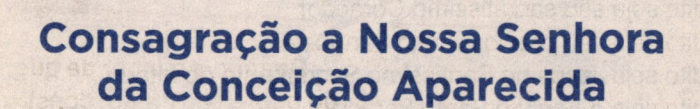

Consagração a Nossa Senhora da Conceição Aparecida

Ó Maria Santíssima, pelos méritos de nosso Senhor Jesus Cristo, em vossa querida imagem de Aparecida, espalhais inúmeros benefícios sobre todo o Brasil.

Eu, embora indigno de pertencer ao número de vossos filhos e filhas, mas cheio do desejo de participar dos benefícios de vossa misericórdia, prostrado a vossos pés: consagro-vos o meu entendimento, para que sempre pense no amor que mereceis; consagro-vos a minha língua, para que sempre vos louve e propague a vossa devoção; consagro-vos o meu coração, para que, depois de Deus, vos ame sobre todas as coisas.

Recebei-me, ó Rainha incomparável, vós que o Cristo crucificado deu-nos por Mãe, no ditoso número de vossos filhos e filhas; acolhei-me debaixo de vossa proteção; socorrei-me em todas as minhas necessidades, espirituais e temporais, sobretudo na hora de minha morte.

Abençoai-me, ó celestial cooperadora, e com vossa poderosa intercessão, fortalecei-me em minha fraqueza, a fim de que, servindo-vos fielmente nesta vida, possa louvar-vos, amar-vos e dar-vos graças no céu, por toda a eternidade. Assim seja!

1º Dia

Com Maria, em êxodo para a libertação e aliança!

ACOLHER
Maria é Mãe do povo da Aliança

(Entrada Celebrante – Concelebrantes)

1. Maria vem a nosso encontro
(Entronização da Imagem da Senhora Aparecida)
P.: Em nome do Pai † e do Filho e do Espírito Santo.
— **Amém!**
P.: "Com Maria, somos povo de Deus, unido pela Aliança".
— **"Com Maria, em êxodo para a libertação e aliança!"**
P.: Iniciamos, com fervor e com amor, a novena em louvor de Nossa Senhora Aparecida. Nosso coração pulsa forte na fé em Cristo, Senhor da nova Aliança; os Anjos entoam louvores e os homens e mulheres cantam hosanas ao Deus, que nos deu Maria e seu Filho Jesus.
— **Nós vos bendizemos, ó Maria, pois sois a Mãe do Senhor da nova Aliança, o Cristo, nosso Redentor!**
P.: Belo é o olhar de quem cumpre a vontade de Deus. Belo é o olhar de Maria, que penetra nossa existência e nos dá alento e confiança para fazer da vida uma oblação de amor.
— **Bendito é o olhar de quem faz do pobre seu irmão, construindo com ele uma Aliança de fraternidade e libertação.**
P.: Fazei cair lá do céu, ó Maria, uma chuva de bênçãos e de graças sobre nossas Comunidades, para que sejam sinais vivos e transparentes de vosso amor materno sempre presente.
— **É o que esperamos e desejamos, ó Mãe bendita. Amém!**

(Incensação da Imagem – Silêncio orante – Na sequência canta-se):

— Ó Mãe e Senhora Aparecida,
Maria, clamamos a vós!
— sois Mãe de nosso Redentor,
— sois Mãe do povo peregrino.
Lá no céu, rogai a Deus por nós!

— Ó Mãe da nova Aliança,
Maria, clamamos a vós!
— ajudai-nos a encontrar o caminho,
— que nos leva bem junto de Cristo.
Lá no céu, rogai a Deus por nós!
P.: Ó Deus, nós vos bendizemos nesta Novena, pois escolhestes Maria para estabelecer entre nós

vossa Aliança eterna, que é vosso Filho, o Cristo, nosso Senhor.
— **Assim seja. Amém!**

OUVIR
Deus fala com seu povo

2. A Palavra vem nos libertar
(em pé)
L.: Maria, vós trouxestes em vosso seio abençoado o Verbo encarnado, o Senhor da nova e eterna Aliança.
— **Quanta alegria, desde Nazaré até Belém, ao contemplardes com José o Verbo eterno de vós nascido!**
L.: Mas também fizestes, ó Maria, o êxodo até o alto do Calvário, e caminhastes com vosso Jesus até à última dor de seu amor, o suplício da cruz.
— **Vós mesma, ó Maria, com Ele fizestes a dura travessia de ver vosso Filho pendente na cruz!**

— Ó Mãe da Palavra encarnada, **Maria, clamamos a vós!**
— é Jesus, a eterna Aliança,
— o Verbo eterno do Pai.
Lá no céu, rogai a Deus por nós!

L.: Maria, vós tudo contemplastes em silêncio, pois sabíeis que nada seria em vão, nem mesmo a dor ou solidão de quem só fez o bem e nos amou até o fim.
— **A verdade de Cristo nos interroga e nos chama para o êxodo do povo da nova Aliança!**
— Ó Maria, Santuário da vida, **Maria, clamamos a vós!**

— é Cristo o novo Moisés,
— somos povo da nova Aliança.
Lá no céu, rogai a Deus por nós!

(Entrada da Palavra)

— Cântico à Palavra de Deus
— Anúncio – **Vocação de Moisés – Êx 3,7-12a**
Leitura do Livro do Êxodo:
[7]Disse o Senhor: "Eu vi, eu vi a miséria de meu povo no Egito e ouvi o clamor que lhe arrancam seus opressores; sim, conheço suas aflições. [8]Desci para libertá-lo das mãos dos egípcios e levá-lo daquela terra para uma terra boa e espaçosa, terra onde corre leite e mel, para o lugar onde habitam o cananeu, o heteu, o amorreu, o ferezeu, o heveu e o jebuseu. [9]O clamor dos israelitas chegou até mim; e vi também a opressão com que os egípcios os oprimem. [10]Agora, pois, vai! Eu te envio ao faraó para que tires do Egito meu povo, os israelitas". [11]Moisés disse a Deus: "Quem sou eu para ir ao faraó e tirar do Egito os israelitas?" [12a]Deus lhe disse: "Eu estarei contigo". – Palavra do Senhor.

(Pregação, Mensagem; ao final canta-se a música "Envia tua Palavra")

(Instante de silêncio orante)

3. Compromisso do Povo da Aliança *(sentados)*
L.: Senhor Deus, vossa Palavra veio no silêncio, tocou nosso co-

ração, que estava adormecido e já nem se lembrava mais de seu compromisso cristão de ser solidário, fraterno e mais irmão.

— Quando há união, somos fortes e nada nos impede de alcançar a libertação!

L.: Vós vos dispusestes a dialogar com nossa humanidade, mas, Senhor, quanta rejeição, em nossos dias, de quem parece não ligar para a vida nem se interessa em fazer com que ela seja abundante em nossa nação.

— Os fracos e os oprimidos encontram a força e a sabedoria no Verbo eterno, nascido de Maria!

L.: Senhor, como o sol rasga o véu da noite e faz resplandecer sua luz em toda a face da terra, nós confiamos em vós e somos vosso povo cativo, o povo da nova Aliança, reunido em vosso Filho Jesus. Nele encontramos a paz e a libertação.

— Seremos sempre solidários, partilhando a vida, o pão e o coração, pois não queremos ouvir o grito de dor dos que são desprezados pelos senhores dos palácios, descompromissados com os mais abandonados! Amém.

(Procissão da Caridade – Oferta dos Alimentos)

P: Oremos: Ó Pai, obrigado por nos terdes aberto nossa consciência de povo de vossa Aliança e nos terdes ajudado a descobrir o quanto é forte a força dos fracos, na união e na comunhão convosco e entre irmãos. Não permitais que entre nós haja dispersão ou vã ilusão. Esperamos em vós, ó Senhor, força sem-fim do amor libertador.

— Unidos em Cristo, com Maria, fazemos nosso êxodo como povo da nova Aliança, encontrando vida e libertação. Amém.

BENDIZER
O povo bendiz ao Senhor

4. Realização da Aliança
(em pé)

L.: Maria, força invencível do amor, despertai-nos para o ardor missionário, para o anúncio e o testemunho da verdade de Cristo.

— Jesus é nossa salvação, fonte eterna de vida e de reconciliação!

L.: O Verbo eterno do Pai nos fez o povo da nova Aliança e se faz presente na Eucaristia, para ser nossa fonte inesgotável de vida.

— Senhor, Pão dos Anjos e Pão de nossa humanidade, nós esperamos em vós. Salvai-nos!

L.: Nossos olhos contemplam o Pão, que sustenta os fracos e lhes dá o vigor que confunde os fortes e presunçosos.

— Nada poderá vencer a força silenciosa do amor do Senhor, presente nos pequenos e humildes, que o buscam com sinceridade. Amém.

(Entronização, Exposição e Adoração do Santíssimo)

5. Litania da Paz
(Diante do Santíssimo Sacramento)
L.: Deus de misericórdia e de bondade,
— concedei-nos vossa luz e vossa paz!
L.: Vós, que fizestes conosco a Aliança de amor eterno em Jesus,
— concedei-nos vossa luz e vossa paz!
L.: Vós, que instituístes a Igreja, sinal de vosso Reino,
— concedei-nos vossa luz e vossa paz!

L.: Vós que, em vosso Filho Jesus, reunistes o povo disperso,
— fazei-nos ser vosso povo fiel!
L.: Vós, que nos fizestes o povo da nova Aliança,
— fazei-nos ser vosso povo fiel!
L.: Vós que não aprovais o desprezo à vida,
— fazei-nos ser vosso povo fiel!

L.: Vós, que sois a força da vida e da esperança,
— firmai nossos passos na nova Aliança!
L.: Fazei-nos fiéis na verdade de vosso Reino,
— firmai nossos passos na nova Aliança!
L.: Inspirai-nos atitudes fraternas e solidárias,
— firmai nossos passos na nova Aliança!

L.: Inspirai o papa em sua missão nos tempos de agora,
— concedei-nos vossa luz e vossa paz!
L.: Iluminai-o com a luz de vosso Espírito de Amor,
— concedei-nos vossa luz e vossa paz!
L.: Fazei-nos ser vosso povo fiel e servidor.
— concedei-nos vossa luz e vossa paz! Amém!

Bênção do Santíssimo
(Cântico "Tão Sublime", p. 2)

> **MISSÃO**
> *Testemunhar a Aliança do Senhor*

6. Consagrar a vida
P.: Maria, vós deixastes que o desejo de Deus fosse gravado em vosso coração. Compreendestes a grandeza e a beleza daquele diálogo inesquecível com o Anjo Gabriel: "Alegra-te, cheia de graça, o Senhor está contigo". Fostes atraída pelo amor de um Deus apaixonado por nossa redenção, que em Cristo nos torna seu povo, o povo da nova Aliança.
— Maria, Virgem escolhida e bendita, fazei-nos viver, com mais ardor, a gratuidade do amor libertador. Amém.

(Consagração a Nossa Senhora, p. 4)

7. Oferta das Flores *(sentados)*
L.: Mãos que carregam flores são mãos abençoadas, como as mãos de Maria. São mãos que dispensam as armas e constroem pontes, para o novo êxodo, e abri-

gos, para proteger os sem moradia digna.
— **Como as mãos dos três pescadores, que acolheram vossa imagem, nós vamos, ó Mãe, acolher quem está às margens da vida.**
L.: Mãos que oferecem flores exaltam a beleza da vida e não aprovam a mão que suborna, que aceita a corrupção, que rouba do bem comum e ainda se vangloria. Mãos que oferecem flores se solidarizam com o pobre e o sofredor, esquecidos às margens da vida.
— **Caminhai conosco, ó Mãe, e fazei-nos solidários na esperança, como povo da nova Aliança. Amém.**

8. Agradecimentos

9. Envio Missionário

P.: O Senhor nos reuniu nesta noite, pois fomos chamados por sua Palavra libertadora e transformadora.
— **A Ele agradecemos tão grande dádiva que recebemos!**
P.: Viemos de nossas casas, trazendo o que é nosso,
— **e agora voltamos, levando o que é de Deus. Amém.**
P.: Como a chuva mansa, que fecunda a terra, ou como o orvalho, que cai suave sobre a relva, venham sobre você e sua família a graça, a paz e a bênção do Senhor.
— **Amém!**
P.: O Senhor desperte você em cada manhã e o faça viver cada dia em sua misericórdia. Seja seu coração carregado de bondade e de vontade de dialogar e de se encontrar com os irmãos. O Senhor guarde você, sua família, sua vida, na palma de sua mão. Vão e levem no coração a alegria de pertencer ao povo da nova Aliança.
— **Cristo ontem, Cristo hoje e sempre. Amém.**

(Homenagem do povo – Entrega das flores)

2º Dia
Com Maria, ser Igreja, povo de Deus!

ACOLHER
Maria é Mãe do povo da Aliança!

(Entrada Celebrante – Concelebrantes)

1. Maria vem a nosso encontro
(Entronização da Imagem da Senhora Aparecida)

P.: Em nome do Pai † e do Filho e do Espírito Santo.
— Amém!
P.: "Com Maria, somos povo de Deus, unido pela Aliança".
— "**Com Maria, ser Igreja, povo de Deus!**"
P.: Maria, como o raiar do dia, é tão belo estarmos unidos em Cristo, vosso Filho, o Senhor da nova Aliança, que nos chama para ser seu povo amado e irrepreensível no amor.
— **É tão grande e belo o Amor eterno, que abraçou nossa humanidade, para nos fazer seu povo amado!**
P.: Trazemos a experiência de outrora, de um povo que procurou ser fiel. Agora, somos nós que devemos assumir nossa história no Reino do Senhor.
— **Somos a Igreja peregrina, que caminha sob a luz do Evangelho, como sacramento do Reino!**
P.: Como é belo estarmos reunidos na mesma fé e no sentimento de pertença ao Reino, podendo sentir e contar com a presença tão afável da Mãe de compassivo amor.
— **Sede bendita, Maria, a Mãe de nosso Senhor, que nos fez povo da nova e eterna Aliança. Amém!**

(Incensação da Imagem – Silêncio orante – Na sequência canta-se:)

— Ó Mãe do mais Belo Amor,
Maria, clamamos a vós!
— sois Mãe do povo da Aliança,
— sois Mãe da Igreja peregrina.
Lá no céu, rogai a Deus por nós!

— Guiai-nos na verdade de Cristo,
Maria, clamamos a vós!
— forjai-nos na vivência da fé,
— inspirai-nos na ação libertadora.
Lá no céu, rogai a Deus por nós!

P.: Ó Deus, tornai fecundo nosso agir cristão e, como Igreja comprometida na história de agora, como a árvore boa que produz

frutos abundantes, ajudai-nos a transformar o mundo para que ele transborde em valores do Reino. Por Cristo, nosso Senhor.
— **Assim seja. Amém!**

OUVIR
Deus fala com seu povo

2. A Palavra vem nos libertar
(em pé)

L.: Maria, assim como Moisés subiu ao monte Sinai e recebeu as tábuas da Lei, vosso Filho selou seu amor para conosco no alto da cruz e estabeleceu a Aliança com seu novo povo.
— **Jesus, o novo Moisés, deu-nos a vida no monte do Calvário, no alto da cruz!**
L.: Ó Maria, como as pedras vivas que sustentam um edifício, fazei-nos viver impregnados da Aliança de Cristo, que veio nos resgatar para a vida.
— **Seremos sim, ó Mãe, uma Igreja viva e unida na nova Aliança de Cristo!**

— Ó Mãe da eterna Aliança,
Maria, clamamos a vós!
— fazei-nos fiéis ao Evangelho,
— e tornai-nos solidários no amor.
Lá no céu, rogai a Deus por nós!

L.: Maria, vosso Filho nos deu a grande lição do serviço de amor a todos, principalmente, aos mais abandonados e excluídos. Comprometeu-se a favor da vida e não teve medo do que dele iriam dizer.

— **Somos povo de Deus, temos fé; queremos amar, estender nossas mãos e ajudar.**

— Ó Senhora de amor incomparável,
Maria, clamamos a vós!
— sois o amparo dos pobres,
— e a força da Igreja peregrina.
Lá no céu, rogai a Deus por nós!

(Entrada da Palavra)

— Cântico à Palavra de Deus
— Anúncio – **Sois povo de Deus – 1Pd 2,4-5.9-10**
Leitura da Primeira Carta de Pedro: [4]Aproximai-vos de Jesus, pedra viva que foi rejeitada pelos homens, mas escolhida e preciosa aos olhos de Deus. [5]Vós também sois utilizados como pedras vivas para a construção de um edifício espiritual, para um sacerdócio santo, a fim de oferecer sacrifícios espirituais agradáveis a Deus por meio de Jesus Cristo. [9]Mas vós sois raça escolhida, sacerdócio régio, nação santa, povo conquistado por Deus para proclamar as maravilhas daquele que vos chamou das trevas para sua luz admirável. [10]Antes não éreis um povo, mas agora sois o povo de Deus; estáveis excluídos da misericórdia, mas agora obtivestes misericórdia. – Palavra do Senhor.

(Pregação, Mensagem; ao final canta-se a música "O Povo de Deus")

(Instante de silêncio orante)

3. Compromisso do Povo da Aliança *(sentados)*

L.: Senhor, vós nos escolhestes e vos dispusestes a realizar conosco a História da Salvação. Não olhastes para nossas imensas fragilidades, mas para nosso querer e desejo sincero de vos amar e vos servir.

— **Conduzi-nos, Senhor, na força libertadora de vosso amor, e fazei-nos servidores de vosso Reino!**

L.: A Igreja que vos pertence, Senhor, é sacramento de vosso Reino, e nós somos vossos sacramentos, pois podemos estender nosso olhar no horizonte e ser capazes de distinguir a grandeza das coisas pequenas, miúdas; até um copo d'água dado com amor será transformador.

— **Abri nossos olhos e nosso coração, Senhor, para vivermos a salvação no tempo de agora!**

L.: Ajudai-nos a ser uma Igreja viva, Senhor, não cheia de grandezas ou coisas fantásticas, mas uma Igreja nobre, porque se faz parceira do pobre e do humilde, esquecidos pelos palácios míopes de nosso tempo e de nossa história.

— **Unidos na caridade, seremos Igreja solidária com nossos irmãos oprimidos, sem direito à vida, sem direito ao pão! Amém!**

(Procissão da Caridade – Oferta dos Alimentos)

P: Oremos: Ó Pai, despertai-nos para o cuidado com os pequenos e fragilizados em nosso mundo. Ajudai-nos a enxergar o pequeno nas coisas grandes, a exemplo de Nossa Senhora, que não hesitou em pôr-se a caminho e estender suas mãos para servir e amar. Fazei-nos ser vosso povo em constante êxodo, sem acomodação, e libertai-nos da tentação do poder e da dominação.

— **Convosco, Senhor, vamos ao encontro do dia em que não haverá mais divisões entre nós. Seremos um mundo de irmãos, sem dominadores e dominados. Amém!**

BENDIZER
O povo bendiz ao Senhor

4. Realização da Aliança *(em pé)*

L.: Ó Senhor, que, cumprindo a vontade do Pai, nos fizestes vosso povo, firmai nossos passos no caminho do Reino.

— **Tornai fecundo nosso viver e profundo nosso ser povo de Deus, como uma Igreja viva e comprometida com a vida e a esperança!**

L.: Quem pode recusar tão grande mistério redentor da presença do Senhor, no Pão da vida e no Pão da Palavra? Ele é a eterna Aliança, que vem nos oferecer seu amor e sua redenção.

— **Feliz é quem, como Jesus, também se faz comunhão e fonte de união, na Comunidade e entre irmãos!**

L.: Ele vem para nos amar. Ele quer nos salvar. Por seu amor, se

põe ao nosso lado e se faz Eucaristia, para ser nosso alimento de redenção.
— **Vinde, Jesus, trigo moído que se fez Pão angélico, Pão da eternidade, Pão de nossa salvação. Amém!**

(Entronização, Exposição e Adoração do Santíssimo)

5. Litania da Paz
(Diante do Santíssimo Sacramento)
L.: Deus da vida e de nossa salvação,
— **nós vos louvamos e vos bendizemos!**
L.: Vós, que sois a pedra viva que fostes rejeitada,
— **nós vos louvamos e vos bendizemos!**
L.: Vós, que sois o Sumo e eterno Sacerdote.
— **nós vos louvamos e vos bendizemos!**

L.: Vós, que vos transfigurastes no monte Tabor,
— **transfigurai-nos em vosso amor!**
L.: Vós, que sois a pedra angular, pedra preciosa,
— **transfigurai-nos em vossa bondade!**
L.: Vós, que sois a Palavra viva do Pai!
— **transfigurai-nos em vossa misericórdia!**

L.: Vós, que sois a Luz que dissipa as trevas,
— **fazei vossa luz transbordar de nosso coração!**
L.: Vós, que sois a nova e eterna Aliança de amor,
— **fazei vossa verdade transbordar de nossa vida!**
L.: Firmai-nos no caminho de vosso Reino,
— **fazei vossa misericórdia transbordar de nossos sentimentos!**

L.: Fazei-nos ser solidários e fraternos
— **agora e em cada dia de nossa vida!**
L.: Inspirai nossa vida de Comunidade,
— **agora e em cada dia de nossa vida!**
L.: Concedei a vosso povo a alegria e a paz,
— **agora em cada dia de nossa vida! Amém!**

Bênção do Santíssimo
(Cântico "Tão Sublime", p. 2)

MISSÃO
Testemunhar a Aliança do Senhor

---

6. Consagrar a vida
P.: Maria, fortalecei nossa esperança de ver um dia vosso povo inteiramente feliz, cantando de alegria, dançando nas ruas e praças; jovens e crianças, grandes e pequenos, unidos, vivendo sem medo e sem preconceito, porque a justiça divina alcançou o coração humano.

— Senhora e Mãe querida, a mais bela e bendita dentre as mulheres da terra, sois nossa força e nossa vida, no caminho de Jesus. Amém!

(Consagração a Nossa Senhora, p. 4)

7. Oferta das Flores *(sentados)*

L.: Maria, são belas vossas mãos postas em oração. Mãos de Maria, mãos da mulher simples e humilde de Nazaré, da mulher do casebre, da favela, dos prédios e condomínios, mãos que constroem a vida, o sonho e a paz.

— **Se belas são as flores, muito mais belo é o coração dos que praticam o bem e constroem a paz!**

L.: Aceitai e acolhei, ó Maria, as flores, as rosas e tudo o que colhemos no jardim da vida e vos oferecemos com alegria, como gesto de amor e de gratidão.

— **Ofertar flores é ofertar a vida e desejar que nosso coração seja igual ao de Maria, igual ao de Jesus. Amém!**

8. Agradecimentos

9. Envio Missionário

P.: O Senhor derrame sobre você e sua família a paz, e os guarde em seu amor.

— **A alegria e a paz penetrem nossa existência e permaneçam em nossa vida!**

P.: Viemos de nossas casas, trazendo o que é nosso,

— **e agora voltamos, levando o que é de Deus e de Nossa Senhora.**

P.: A você, que hoje rezou, que a brisa leve do Espírito de Deus sopre sobre sua existência! A luz de Cristo brilhe suave em sua face! Que uma chuva de graças caia de mansinho em sua vida! E, até que nos encontremos de novo, que Deus o guarde na palma de suas mãos e o abençoe rica e poderosamente, em tudo e sempre.

— **Assim seja, hoje e sempre! Amém!**

(Homenagem do povo – Entrega das flores)

3º Dia

Com Maria, unidos pela Aliança dos mandamentos!

ACOLHER
Maria é Mãe do povo da Aliança!

(Entrada Celebrante – Concelebrantes)

1. Maria vem a nosso encontro
(Entronização da Imagem da Senhora Aparecida)
P.: Em nome do Pai † e do Filho e do Espírito Santo.
— **Amém!**
P.: "Com Maria, somos povo de Deus, unido pela Aliança".
— **"Com Maria, unidos pela Aliança dos mandamentos!"**
P.: Nós vos saudamos, ó Maria, Virgem Santa, Virgem bela, Mãe amável, Mãe querida do novo povo formado por Jesus, no elo fecundo da eterna Aliança de seu amor.
— **Como os Pastores, os pobres de Israel, nós vos saudamos, ó Mãe do Redentor!**
P.: Vós sois, ó Maria, nossa fonte de inspiração para vivermos, no mais profundo do coração, os mandamentos de Jesus: Amar a Deus em primeiro lugar e ao próximo como a nós mesmos.
— **Ó Mãe, fazei-nos ser a Boa Notícia do Reino, no meio do mundo ferido por discórdias e divisão!**
P.: Fazei-nos, ó Mãe, fixar nossos olhos cada dia nas páginas do Evangelho, o livro da vida, que vem nos ensinar a amar, servir e estender a mão a quem está caído.
— **Não há mandamento maior do que amar e servir, e até dar a vida, nos ensinou Jesus!**

(Incensação da Imagem – Silêncio orante – Na sequência canta-se):

— Ó Virgem tão bela e Mãe amável,
Maria, clamamos a vós!
— guiai-nos no caminho de Cristo,
— ajudai-nos a viver os mandamentos.
Lá no céu, rogai a Deus por nós!

— Ó Mãe da nova Aliança,
Maria, clamamos a vós!
— firmai nossos passos no amor
— de Cristo nosso Libertador.
Lá no céu, rogai a Deus por nós!

P.: Ó Deus, vosso Filho nos ensinou a vos amar em primeiro lugar, mas também que nosso amor a vós passa pelo irmão, pela irmã. Ajudai-nos a viver vossos desíg-

nios, que nos foram ensinados por Cristo, vosso Filho.
— **Assim seja. Amém!**

> **OUVIR**
> *Deus fala com seu povo*

2. A Palavra vem nos libertar
(em pé)
L.: Maria, desde o dia em que o Senhor estendeu suas mãos e fez surgir o céu e a terra, o amor penetrou em toda a humanidade, como a névoa da manhã de inverno.
— **O ato da criação foi ato de amor do Deus Criador, que em tudo infundiu seu amor e fez a vida surgir!**
L.: É Jesus, ó Maria, o amor eterno do Pai, que veio entre nós morar e nos pedir licença para permanecer em nosso coração.
— **Quem aprendeu a amar a Deus em primeiro lugar sabe que tem de amar a si mesmo e aos irmãos!**

— Ó Mãe do mais Belo Amor,
Maria, clamamos a vós!
— vossa vida foi plena de amor.
— Mãe querida, sois nossa inspiração.
Lá no céu, rogai a Deus por nós!

L.: Belo foi o dia em que respondestes sobre o amor, e vós revelastes que o amor está sempre em primeiro lugar, para com Deus e para com os irmãos.
— **Amar a Deus, no próximo e em mim mesmo, foi o que nos ensinou Jesus. Amém!**

— Maria que nos ensinastes
Maria, clamamos a vós!
— a guardar o que nos disse Jesus,
— o amor em primeiro lugar.
Lá no céu, rogai a Deus por nós!

(Entrada da Palavra)

— Cântico à Palavra de Deus
— Anúncio – **O maior mandamento** – Mt 22,34-40
PROCLAMAÇÃO do Evangelho de Jesus Cristo † segundo Mateus.
— **Glória a vós, Senhor!**
³⁴Quando os fariseus ficaram sabendo que Jesus fizera calar os saduceus, reuniram-se, ³⁵e um deles, doutor da Lei, perguntou-lhe, para colocá-lo em dificuldade: ³⁶"Mestre, qual é o maior mandamento da Lei?" ³⁷Jesus respondeu: "Amarás o Senhor teu Deus de todo o teu coração, de toda a tua alma e com toda a tua mente: ³⁸este é o maior e o primeiro dos mandamentos. ³⁹E o segundo é semelhante a este: Amarás teu próximo como a ti mesmo. ⁴⁰Destes dois mandamentos dependem toda a Lei e os Profetas". — Palavra da Salvação.

(Pregação, Mensagem; ao final canta-se a música "Senhor, que a tua Palavra")

(Instante de silêncio orante)

3. Compromisso do Povo da Aliança *(sentados)*
L.: Maria, como os pássaros e as plantas, que se alegram com o

3º DIA

raiar do dia, nosso coração palpita forte, pois nos destes o Filho de Deus, que nos ensinou a amar e alcançar a redenção.

— **Deus há de ocupar cada vez mais nosso coração, pois é em seu amor que esperamos salvação!**

L.: Maria, vosso Jesus veio plasmar nossa vida em sua misericórdia e nos fazer caminheiros da paz e da esperança, neste mundo tão ferido pelo ódio e egoísmo.

— **São felizes os que constroem a paz e sabem partilhar a vida, o amor e a união!**

L.: Senhora, vós bem sabeis: é o amor a força transformadora em qualquer realidade de nossa história. Fazei-nos viver intensamente no mandamento que gera a vida e nos faz ser o povo da nova Aliança.

— **Como rebentos de oliveira, fazei-nos, ó Mãe, testemunhas alegres do amor verdadeiro. Amém!**

(Procissão da Caridade – Oferta dos Alimentos)

P.: Oremos: Ó Deus de eterna bondade e compaixão, dai-nos perceber e compreender as angústias e incertezas de nossos dias, pois vosso Filho nos ensinou a dialogar e a estender a mão para ajudar quem busca um sentido na vida. Que o mandamento de Cristo nos faça novas criaturas!

— **Caminhando com Jesus e com Maria, vamos nos alegrar sem medida, pois é o amor que nos conduz nas estradas desta vida. Amém!**

BENDIZER
O povo bendiz ao Senhor

4. Realização da Aliança
(em pé)

L.: Maria, quem poderá matar sua sede, se não se aproxima da fonte? A fonte silenciosa jorra sem cessar, na gratuidade, para nos fazer reviver.

— **A Eucaristia, fonte eterna de vida, é presença real de Jesus, de amor sem-fim!**

L.: Maria, vosso Filho bem nos conhece, e sabe de quanta vida precisamos. Há gente sem casa para morar, crianças e jovens sem poder estudar, pais de família sem poder ganhar o pão.

— **Abençoai, ó Mãe, quem sabe partilhar; perdoai nosso esbanjamento e o pouco caso dos bem abastados e enfastiados por suas ganâncias!**

L.: Maria, rompei o silêncio dos bons, que não empunham as armas do amor e da esperança, e despertai a consciência moral nos corruptos e sem escrúpulos.

— **Dai-nos, ó Mãe santíssima, vosso Filho, nosso Redentor, e revelai-nos outra vez a sabedoria do amor. Amém!**

(Entronização, Exposição e Adoração do Santíssimo)

5. Litania da Paz
(Diante do Santíssimo Sacramento)
L.: Senhor, Deus da vida,
— **Deus Amor, Deus Misericórdia!**

L.: fonte eterna de salvação,
— **Deus Amor, Deus Misericórdia!**
L.: bondade infinita e esperança dos humildes.
— **Deus Amor, Deus Misericórdia!**

L.: Senhor dos pequenos e abandonados,
— **Senhor da vida e da salvação!**
L.: força dos fracos e oprimidos,
— **Senhor da vida e da salvação!**
L.: presença certa nas horas incertas.
— **Senhor da vida e da salvação!**

L.: Caminho, Verdade e Vida,
— **Deus Amigo dos pobres e humildes!**
L.: amor infinito e misericórdia sem-fim,
— **Deus Amigo dos pobres e humildes!**
L.: pão vivo e verdadeiro, copiosa redenção.
— **Deus Amigo dos pobres e humildes!**

L.: Sede nossa luz e inspiração em cada dia,
— **Nós vos amamos, Senhor da compaixão!**
L.: firmai nossos passos no caminho da Aliança,
— **Nós vos amamos, Senhor da vida!**
L.: aos grandes e pequenos, concedei vossa paz.
— **Nós vos amamos, Senhor de nossa salvação. Amém!**

Bênção do Santíssimo
(Cântico "Tão Sublime", p. 2)

MISSÃO
Testemunhar a Aliança do Senhor

6. Consagrar a vida
P.: Maria, vossa obediência à vontade do Pai foi obediência ao sublime mandamento de amor que o Senhor nos deixou. Vós nos destes esse belo exemplo de praticar os mandamentos, obedecendo ao Senhor, cumprindo sua vontade. Ajudai-nos a cumprir um pouco de tudo o que vós cumpristes com obediência e com amor.
— **Maria, que nossa vida corresponda à vontade divina, e assim sigamos vosso exemplo de Mãe terna e obediente ao Senhor. Amém.**

(Consagração a Nossa Senhora, p. 4)

7. Oferta das Flores *(sentados)*
L.: As flores tocam mais o coração do que as armas e os canhões. Quem faz a opção pelas armas não descobriu ainda a ternura da flor nem a suavidade da abelha, que sabe tocá-la com honra e respeito.
— **Fazei-nos descobrir que a vida pode ser vivida de outro jeito, sem ódio, sem armas, sem discriminação!**
L.: Mãos que carregam flores e não armas mostram o coração decidido a carregar o projeto da

vida, o do Reino, como nos ensinou Jesus, o Filho querido do Pai, nascido de Maria.

— **Unidos caminhamos para o altar, fazendo nosso êxodo em busca da vida, com Maria, a Mãe de nosso Redentor. Amém!**

8. Agradecimentos

9. Envio Missionário

P.: Unidos em Cristo e com Maria, celebramos fervorosos esta noite bendita da Novena. O Senhor nos guarde em seu amor e nos proteja!

— **Voltamos fortalecidos pela palavra da vida e de nossa salvação!**

P.: Viemos de nossas casas, trazendo o que é nosso,

— **e agora voltamos, levando o que é de Deus e de Nossa Senhora.**

P.: Sua alegria seja tão brilhante quanto a manhã, e as sombras das tristezas e amarguras desapareçam na luz do amor. Que a alegria do céu faça você feliz e mantenha você na doçura da paz. O Senhor conduza sua vida e seus passos na força da esperança e na alegria da fé. A festa da vida continua. Permaneçamos na paz de Jesus e na proteção da Senhora Aparecida!

— **Assim seja, hoje e sempre, pelos séculos sem-fim. Amém!**

(Homenagem do povo – Entrega das flores)

4º Dia

Com Maria, unidos pela Aliança das Bem-aventuranças!

ACOLHER
Maria é Mãe do povo da Aliança!

(Entrada Celebrante – Concelebrantes)

1. Maria vem a nosso encontro
(Entronização da Imagem da Senhora Aparecida)

P.: Em nome do Pai † e do Filho e do Espírito Santo.
— Amém!
P.: "Com Maria, somos povo de Deus, unido pela Aliança".
— "Com Maria, unidos pela Aliança das Bem-aventuranças!"
P.: Ó Maria e Mãe Bem-aventurada, como é bom estarmos reunidos em vosso Filho, que nos aponta a direção para encontrarmos a redenção, como povo da nova Aliança.
— Bem-aventurados os que buscam o Senhor, pois nele encontrarão a vida e a salvação!
P.: As Bem-aventuranças tornam fecundo nosso coração, pois nos fazem ser discípulos de Jesus, e com Ele construir, em nossa pátria, a dignidade da vida em todos e especialmente nos pobres e desprezados.
— São Bem-aventurados os promotores da vida, da justiça e da dignidade humanas!
P.: Maria, estendei sobre nós vossas mãos santas e benditas, e conduzi-nos sem demora para junto dos que precisam de uma ajuda, da presença amiga e certa.
— Firmai nossa vida na rocha firme de vosso amor misericordioso. Amém!

(Incensação da Imagem – Silêncio orante – Na sequência canta-se:)

— Ó Maria e Mãe tão santa,
Maria, clamamos a vós!
— ó Senhora dos pequenos e humildes,
— de Deus sois Bem-aventurada.
Lá no céu, rogai a Deus por nós!

— Ó Mãe dos pequenos e humildes,
Maria, clamamos a vós!
— ó força incomparável de bondade,
— vós sois nosso amparo e proteção.
Lá no céu, rogai a Deus por nós!

P.: Ó Pai Santo, vosso Filho proclamou as Bem-aventuranças, despertando-nos para nossa missão de cristãos batizados. Dai-nos a graça de ser vosso povo fiel e discípulos autênticos de vosso Reino. Por Cristo, nosso Senhor.
— **Assim seja. Amém!**

OUVIR
Deus fala com seu povo

2. A Palavra vem nos libertar
(em pé)
L.: Maria, vós sois a bem-aventurada, a escolhida, a predileta do Pai. E não podia ser mesmo diferente, ó Mãe bendita, pois grande foi vossa missão, que assumistes com humildade e nobreza de coração.
— **Maria, vós sois bem-aventurada, o modelo de que precisamos e a humildade que desejamos!**
L.: Vosso Filho Jesus percorreu o caminho das bem-aventuranças, caminho que nos faz pertencer ao Reino e alcançar a felicidade.
— **Maria, vosso Filho é nossa maior riqueza, pois Ele é a fonte da vida e da redenção!**

— Ó Mãe bem-aventurada,
Maria, clamamos a vós!
— inspirai e protegei vosso povo,
— ajudai-nos a viver na esperança.
Lá no céu, rogai a Deus por nós!

L.: Maria, sois a Mãe dos pobres, das pessoas que estão abandonadas nas ruas e praças, sem um olhar de compaixão dos cidadãos e dos cristãos e dos que governam e dizem defender a nação.
— **Bem-aventurados são os que amam os abandonados e lhes estendem as mãos, com amor e compaixão. Amém!**

— Sois Mãe de Jesus, Filho de Deus,
Maria, clamamos a vós!
— bendita sois entre as mulheres,
— os povos da terra repetem.
Lá no céu, rogai a Deus por nós!

(Entrada da Palavra)

— Cântico à Palavra de Deus
— Anúncio - **Bem-aventuranças – Mt 5,1-12a**
PROCLAMAÇÃO do Evangelho de Jesus Cristo † segundo Mateus.
— **Glória a vós, Senhor!**
Naquele tempo, ¹vendo Jesus as multidões, subiu ao monte e sentou-se. Os discípulos aproximaram-se, ²e Jesus começou a ensiná-los: ³"Bem-aventurados os pobres em espírito, porque deles é o Reino dos Céus.
⁴Bem-aventurados os aflitos, porque serão consolados.
⁵Bem-aventurados os mansos, porque possuirão a terra.
⁶Bem-aventurados os que têm fome e sede de justiça, porque serão saciados.
⁷Bem-aventurados os misericordiosos, porque alcançarão misericórdia.

⁸Bem-aventurados os puros de coração, porque verão a Deus.
⁹Bem-aventurados os que promovem a paz, porque serão chamados filhos de Deus.
¹⁰Bem-aventurados os que são perseguidos por causa da justiça, porque deles é o Reino dos Céus!
¹¹Bem-aventurados sois vós, quando vos injuriarem e perseguirem, e, mentindo, disserem todo tipo de mal contra vós, por causa de mim.
¹²ᵃAlegrai-vos e exultai, porque será grande a vossa recompensa nos céus". – Palavra da Salvação.

(Pregação, Mensagem; ao final canta-se a música "Deus chama a gente pra um momento novo")

(Instante de silêncio orante)

3. Compromisso do Povo da Aliança *(sentados)*

L.: Senhor, curai nossa visão, para que possamos enxergar com o coração, vislumbrando o novo horizonte belo e formoso, que nos desponta com as bem-aventuranças.

— Bem-aventurados os que não suportam ver o pobre humilhado e procuram fazer em tudo a vontade divina!

L.: Bem sabeis, ó Senhor, que os bem-aventurados, por vós proclamados, são praticantes e defensores da justiça, da misericórdia; eles vos escutam e vos obedecem, pois sabem que em vós encontram a vida.

— Sejam benditos os que derrubam muros e constroem pontes, que estendem as mãos e reerguem o irmão; são bem-aventurados!

L.: Senhor, vós nos chamais e nos desafiais para que sejamos promotores da paz e da solidariedade, em nosso mundo tão marcado pelo ódio e pela intolerância.

— Unidos na Comunidade, faremos o esforço necessário na vivência da fé e das bem-aventuranças, para tornar o mundo mais agradável e feliz. Amém!

(Procissão da Caridade – Oferta dos Alimentos)

P: Oremos: Ó Pai, vosso Filho, proclamando as bem-aventuranças, nos fez compreender que o mundo pode ser diferente e pode ser mudado. Mas, todos os de boa vontade precisam ser bem-aventurados para que isso aconteça e vosso Reino se fortaleça entre nós e em nossas Comunidades.

— Bem-aventurados são os que amam a Igreja e a fortalecem com fervor, sendo sacramentos do Senhor. Amém!

BENDIZER
O povo bendiz ao Senhor

4. Realização da Aliança
(em pé)

L.: Maria, como no dia em que vosso Filho subiu ao monte Tabor

e transfigurou-se diante dos discípulos, nós o contemplamos vivo e presente na forma de Pão no altar de nossa redenção.
— **Em cada Eucaristia, realiza-se plenamente a transfiguração, pois ali está o Senhor, vivo e ressuscitado!**
L.: Belo foi o dia em que vosso Filho subiu a montanha e anunciou as Bem-aventuranças, deixando impresso em nossa existência o jeito certo de viver o Evangelho.
— **Nossa Mãe e Senhora, vós nos chamais e desejais que sejamos vosso povo bem-aventurado e feliz!**
L.: Maria, foi grande vossa dor, mas não foi menor vosso amor, naquele dia no alto do Calvário, pois bem sabíeis que ali acontecia a plenitude do amor, a plenitude da vida.
— **Acolhemos Jesus e nos alimentando desse Pão, queremos ser no mundo sinais da copiosa redenção. Amém!**

(Entronização, Exposição e Adoração do Santíssimo)

5. Litania da Paz
(Diante do Santíssimo Sacramento)
L.: Ó Senhor, Deus de amor incomparável.
— **Tende piedade de nós!**
L.: Ó Cristo, Deus de amor inefável.
— **Tende piedade de nós!**
L.: Ó Senhor, Deus de amor libertador.
— **Tende piedade de nós!**

L.: Bem-aventurados os que vos buscam sem cessar,
— **em vós encontrarão a vida e a paz!**
L.: Bem-aventurados os que labutam na defesa da vida,
— **em vós encontrarão a vida e a paz!**
L.: Bem-aventurados os que promovem a vida e a justiça,
— **em vós encontrarão a vida e a paz!**
L.: Bem-aventurados os que matam a fome dos famintos,
— **serão como estrelas no firmamento!**
L.: Bem-aventurados os que saciam os sedentos de vida e de paz,
— **serão como estrelas no firmamento!**
L.: Bem-aventurados os que fazem da vida uma entrega de amor,
— **serão como estrelas no firmamento!**

L.: Firmai vosso povo nos caminhos de vosso Reino,
— **Deus da vida, Deus da paz, socorrei-nos!**
L.: iluminai nossos passos no caminho para vós,
— **Deus da vida, Deus da paz, libertai-nos!**
L.: fazei de nós um povo unido e forte em vossa Aliança eterna,
— **Deus da vida, Deus da paz, salvai-nos! Amém!**

Bênção do Santíssimo
(Cântico "Tão Sublime", p. 2)

> **MISSÃO**
> *Testemunhar a Aliança do Senhor*

6. Consagrar a vida

P.: Maria, olhando a Sagrada Escritura, só encontramos a nobreza e a singeleza de quem se dispôs sinceramente a responder ao Senhor, para ser construtor do Reino. Todos eram humildes, pobres e simples, como vós, pois o Senhor apostava na força dos pequenos e não no poder dos grandes e poderosos.

— **A vós ofertamos nossa vida, ó Maria; dai-nos a força transformadora dos fracos e dos humildes. Amém!**

(Consagração a Nossa Senhora, p. 4)

7. Oferta das Flores *(sentados)*

L.: Mãe querida, bela flor do jardim do céu e da terra, nós vos oferecemos flores, pois reconhecemos a beleza da vida vivida com amor e por amor.

— **Assim esperamos ser um pouco do tudo que vós fostes, Mãe bendita!**

L.: Se as flores que ofertamos são de vosso agrado, ó Mãe querida, sede nosso consolo e amparo, nesta vida; desejamos que as Bem-aventuranças sejam o caminho do cristão neste mundo secularizado.

— **Aceitai, ó Maria, nossa vida e nossa flor, que vos oferecemos com amor e gratidão. Amém!**

8. Agradecimentos

9. Envio Missionário

P.: Como Igreja, e unidos em Comunidade, celebramos a Virgem Maria, a Bem-aventurada e nossa Mãe amada.

— **Unidos em Cristo, seremos sinais de uma Igreja viva e participativa!**

P.: Viemos de nossas casas, trazendo o que é nosso,

— **e agora voltamos, levando o que é de Deus e de Nossa Senhora!**

P.: O Senhor esteja a seu lado, em seu coração, em sua existência. Que a luz de cada manhã dissipe as trevas da amargura e faça brilhar a alegria em sua face. Que a noite lhe traga o descanso, e a aurora, a força da esperança. Permaneçamos na paz de Jesus e na proteção da Senhora Aparecida.

— **Assim seja, para sempre! Amém!**

(Homenagem do povo – Entrega das flores)

5º Dia

Com Maria, unidos pela misericórdia samaritana!

ACOLHER
Maria é Mãe do povo da Aliança!

(Entrada Celebrante – Concelebrantes)

1. Maria vem a nosso encontro
(Entronização da Imagem da Senhora Aparecida)

P.: Em nome do Pai † e do Filho e do Espírito Santo.
— Amém!
P.: "Com Maria, somos povo de Deus, unido pela Aliança".
— **"Com Maria, unidos pela misericórdia samaritana!"**
P.: Myriam, Maria de Nazaré, Senhora de Aparecida, sois uma entre tantas na pequenez, na humildade de coração, na acolhida de quem está triste ou ferido e precisa de uma mão estendida, que reergua para a vida.
— **Mãos benditas de Maria, mãos benditas do samaritano, mãos benditas de quem tem Deus no coração!**
P.: Maria, sois a surpresa de Deus, sois a embaixadora da nova Aliança, sois a Senhora de todas as idades, da mais tenra à mais avançada; fazei nosso coração transbordar de amor e de esperança.
— **Só quem tem a força do amor pratica o bem e sabe socorrer os feridos à beira do caminho!**
P.: Como vossos pescadores, que tiveram de enfrentar primeiro o fracasso e o medo, para depois vos encontrar no fundo do rio e no altar do coração, queremos, ó Mãe, amar e servir vosso Jesus, como nosso Irmão.
— **No altar da esperança, encontramos a vida, e podemos oferecê-la, como fez o samaritano!**

(Incensação da Imagem – Silêncio orante – Na sequência canta-se):

— Ó Senhora e Mãe imaculada,
Maria, clamamos a vós!
— dos pobres sois Mãe e protetora,
— do povo sois amada e respeitada.
Lá no céu, rogai a Deus por nós!

— Ó Mãe de todos os povos,
Maria, clamamos a vós!
— guiai-nos no caminho de Jesus,
— ajudai-nos a servir com amor.
Lá no céu, rogai a Deus por nós!

P.: Ó Deus, ao contemplarmos vossa Filha predileta, aprendamos a andar no caminho de vosso Filho, pois ela nos aponta o caminho de vosso Reino e de vossa Igreja peregrina. Por Cristo, nosso Senhor.
— Assim seja. Amém!

> **OUVIR**
> *Deus fala com seu povo*

2. A Palavra vem nos libertar
(em pé)
L.: Maria, sois a Mãe samaritana, pois nos dais vosso amparo. Sois nossa Rainha, não dos impérios inúteis e sem vida, mas dos pequenos e humildes, dos fracos e humilhados, e fortes na fé.
— **Sois Mãe e Rainha do povo do Senhor e de todos os que de vós se aproximam com amor!**
L.: Mãe de misericórdia, tocai nosso coração para vermos que há mãos que se estendem para socorrer, apoiar e ajudar. Há sempre alguém caído à beira do caminho.
— **São mãos samaritanas, que curam as feridas de quem não tem guarida nem armas nas mãos!**

— Senhora, rogai pelo mundo,
Maria, clamamos a vós!
— por uma "terra sem males",
— reine a paz em nossa pátria.
Lá no céu, rogai a Deus por nós!

L.: Virgem da esperança, Mãe dos povos da América Latina, do Brasil e de todos os lugares, especialmente de vossos filhos excluídos, sem direito à vida, com a dignidade ferida.
— **Ó vigor maternal incomparável, guiai-nos na força do amor transformador, que é Jesus, vosso Filho. Amém!**

— Ó Mãe de misericórdia,
Maria, clamamos a vós!
— Senhora dos Anjos e dos pobres,
— fazei-nos viver na Aliança.
Lá no céu, rogai a Deus por nós!

(Entrada da Palavra)

— Cântico à Palavra de Deus
— Anúncio – **O Bom Samaritano** – **Lc 10,29-37**
PROCLAMAÇÃO do Evangelho de Jesus Cristo † segundo Lucas.
— **Glória a vós, Senhor!**
Naquele tempo, ^{29}um mestre da Lei, querendo justificar-se, perguntou a Jesus: "E quem é meu próximo?" ^{30}Retomando a palavra, disse Jesus: "Um homem descia de Jerusalém a Jericó e caiu nas mãos de assaltantes, que roubaram tudo o que tinha, agrediram-no a pauladas e fugiram, deixando-o quase morto. ^{31}Por acaso descia um sacerdote por aquele caminho: viu-o e seguiu adiante. ^{32}De igual modo um levita, chegando àquele lugar, ao vê-lo, seguiu em frente. ^{33}Um samaritano, porém, que ia de viagem, chegou perto dele e, ao vê-lo, teve compaixão. ^{34}Aproximou-se dele e fez curativos em suas feridas, derramando óleo e vinho;

depois montou-o em seu próprio animal, levou-o a uma pensão e cuidou dele. ³⁵No dia seguinte, tirou duas moedas e, entregando-as ao hospedeiro, disse-lhe: 'Cuida dele, e o que gastares a mais, na volta eu o pagarei'. ³⁶Qual dos três, em tua opinião, comportou-se como próximo do homem que caiu nas mãos dos assaltantes?" ³⁷Ele respondeu: "Aquele que o tratou com bondade". Então Jesus lhe disse: "Vai e faze o mesmo!" – Palavra da Salvação.

(Pregação, Mensagem; ao final canta-se a música "Sou bom pastor")

(Instante de silêncio orante)

3. Compromisso do Povo da Aliança *(sentados)*

L.: Senhor Jesus, quanto ensinamento nos traz o Bom Samaritano! Ele acolhe alguém caído à beira da estrada, ferido, e nem pergunta quem é, qual seu nome ou pátria, qual é sua família.

— **Quando o amor é verdadeiro, estende a mão bem ligeiro para reerguer e suavizar a dor!**

L.: O homem ferido tocou no sentimento do samaritano, pouco querido nas rodas sociais, mas de um coração maior que de todos os que afirmavam praticar o bem. Aqueles funcionários do culto passaram bem ao longe, e o que faríamos nós?

— **O Bom Samaritano é o próprio Jesus, que vem nos socorrer e nos envolver em seu amor libertador!**

L.: Senhor Jesus, o mundo, as pessoas e a natureza estão feridos, pois é triste ver que há quem banaliza a vida, pois lhe interessam o poder e o dinheiro. O odiado samaritano fez o bem, tocado pela compaixão e pelo amor sem fronteiras.

— **Como Igreja, vamos romper as barreiras que nos impedem de ir e acalentar a esperança no coração dos mais tristes, sofredores e oprimidos. Amém!**

(Procissão da Caridade – Oferta dos Alimentos)

P: Oremos: Ó Pai, inspirados no ensinamento de vosso Filho, educai-nos na arte de nos fazermos próximos uns dos outros. Que vosso sopro de vida nos desperte para a grandeza desse dom do amar e servir. Como bons samaritanos, fazei-nos caminhar como uma Igreja aberta, acolhedora, servidora, e jamais cheia de pompas e grandiosidades.

— **Senhor, que sejamos a Igreja da compaixão, que se deixa interpelar pelos feridos à beira dos caminhos desta vida. Amém!**

BENDIZER
O povo bendiz ao Senhor

4. Realização da Aliança *(em pé)*

L.: Maria, fazei-nos aprender que a dor maior, que dói em nós, deve ser a dor alheia. Os sábios do

mundo estão preocupados com outras coisas, menos com o irmão.
— **Vinde ao nosso encontro, Senhor, com vossa Aliança de amor, e mudai nosso coração!**
L.: O Bom Samaritano nos ensinou, ó Maria, que vosso Filho é o rosto humano e o rosto divino da humanidade. Amar e servir fazem-nos mais humanos e mais santos.
— **Senhor, vós sois nosso Libertador, o mistério encarnado, o Verbo eterno do Pai, nosso Redentor!**
L.: É triste, Senhor, mas há corruptos nos tronos e gananciosos nos palácios. Há quem se deixa manipular por interesses escondidos e é explorado pela maldade dos egoístas e inescrupulosos.
— **Ajudai-nos, ó Mãe Aparecida, a viver cada dia na plena sintonia com vosso Filho Jesus. Amém!**

(Entronização, Exposição e Adoração do Santíssimo)

5. Litania da Paz
(Diante do Santíssimo Sacramento)
L.: Ó Deus da vida, da esperança e da paz,
— **Tende compaixão de nós!**
L.: Ó Cristo, Redentor da humanidade,
— **Tende compaixão de nós!**
L.: Ó Senhor, nosso Salvador,
— **Tende compaixão de nós!**
L.: Ó Pão da vida eterna,
— **socorrei-nos sem demora!**
L.: Ó presença inefável no Pão do altar,
— **socorrei-nos sem demora!**
L.: Ó certeza da eternidade e da paz,
— **socorrei-nos sem demora!**

L.: Ó Deus amor, nossa redenção,
— **vinde e libertai-nos!**
L.: Ó Deus de bondade infinita,
— **vinde e libertai-nos!**
L.: Ó Deus confortador e nosso Senhor,
— **vinde e libertai-nos!**

L.: Conduzi vosso povo em vossa Aliança,
— **fazei-nos unidos e fortes na fé!**
L.: Firmai nossas Comunidades na solidariedade,
— **sejam acolhedoras e fraternas!**
L.: Ó Senhor Jesus, certeza da vida e da salvação,
— **nós vos bendizemos, sois nosso eterno bem. Amém.**

Bênção do Santíssimo
(Cântico "Tão Sublime", p. 2)

> **MISSÃO**
> *Testemunhar a Aliança do Senhor*

6. Consagrar a vida
P.: Maria, vós que sois bem-aventurada, fortalecei nossa peregrinação nesta estrada da vida, e com o olhar e o coração voltados para os mesmos sentimentos vos-

sos, sejamos servidores fiéis do Cristo. É com esse desejo, ó Mãe Aparecida, que renovamos nossa consagração a vós.

— **Estendei-nos vossas mãos, ó Mãe, para que de mãos dadas sigamos convosco no caminho do Reino. Amém!**

(Consagração a Nossa Senhora, p. 4)

7. Oferta das Flores *(sentados)*

L.: Ó Maria, de onde poderá nos vir toda alegria, senão do amor que nos ensinou vosso Filho? Por isso, somos o povo que agradecido vos bendiz e vos reverencia com as flores colhidas no chão desta vida.

— **Maria, dai-nos vossa força maternal para vivermos cada dia na santa alegria do Reino do Céu!**

L.: São benditos os trabalhadores que cultivam flores, são bem-aventurados, pois espalham a beleza da harmonia e o perfume da união, em nosso mundo tão dilacerado.

— **Unidos convosco, ó Maria, e na força da união, tornaremos esse mundo mais feliz e mais irmão. Amém!**

8. Agradecimentos

9. Envio Missionário

P.: O Senhor faça brilhar sua luz sobre nós, nossas famílias e nossas Comunidades

— **e saibamos compreender os sinais dos tempos e ser bons samaritanos!**

P.: Viemos de nossas casas, trazendo o que é nosso,

— **e agora voltamos, levando o que é de Deus e de Nossa Senhora.**

P.: O Senhor faça você sentir a suavidade de sua presença. Toque ternamente em seus olhos para que possa enxergar a simplicidade de seu amor. Guarde você em seu coração divino, e você sinta a alegria de ser samaritano em nossos dias. Sejamos firmes na prática do bem e da união. Que Maria caminhe conosco e nos proteja.

— **Assim seja, para sempre! Amém!**

(Homenagem do povo – Entrega das flores)

6º Dia

Com Maria e José, viver a Aliança em Família, Igreja doméstica!

ACOLHER
Maria é Mãe do povo da Aliança!

(Entrada Celebrante – Concelebrantes)

1. Maria vem a nosso encontro
(Entronização da Imagem da Senhora Aparecida)

P.: Em nome do Pai † e do Filho e do Espírito Santo.
— Amém!
P.: "Com Maria, somos povo de Deus, unido pela Aliança".
— "Com Maria e José, viver a Aliança em família, Igreja doméstica!"
P.: Alegremo-nos todos na grandeza e beleza, que nem conseguimos contemplar no Senhor.
— **É a Senhora Aparecida, Imaculada Conceição, e São José, seu esposo, que a nós estendem as mãos, para nos proteger e guardar!**
P.: Renasce em nossa Família a força da esperança, porque vós, Senhor, tendes para conosco um olhar misericordioso e compassivo, que nos faz ser gente de verdade, no mundo dilacerado por discórdia e divisão.
— **Nossa Família é sagrada, é dom divino, dom de amor, sem** rancor ou divisão, como a Família de Nazaré.
P.: Ó Família cristã, Santuário da vida, sois chamada pelo Senhor para ser uma pequenina Igreja, carregada de ardor, de amor, de compaixão, para que em vosso seio não haja lugar para a discórdia e divisão.
— **Ó Maria e José, fazei-nos ser uma Igreja viva, transbordante de fé. Amém.**

(Incensação da Imagem – Silêncio orante – Na sequência canta-se):

— Ó Santa Família de Nazaré,
Maria, clamamos a vós!
— Jesus, Maria e José,
— sois luz e modelo de vida.
Lá no céu, rogai a Deus por nós!

— Ó Família querida de Deus,
Maria, clamamos a vós!
— das famílias sois Mãe consoladora,
— libertai as famílias oprimidas.
Lá no céu, rogai a Deus por nós!

P.: Ó Pai Santo, recordamos vosso amor, com o qual nos fizestes vos-

sos filhos e filhas, e instituístes a família humana, para que vivamos em vossa plena Aliança e alcancemos a santidade. Dai-nos vossa força divina, vós, que viveis e reinais para sempre.
— **Assim seja. Amém!**

OUVIR
Deus fala com seu povo

2. A Palavra vem nos libertar
(em pé)
L.: Nós vos saudamos, ó Maria, como o Anjo Gabriel vos saudou em vossa casa em Nazaré, pois já naquele dia começastes a cumprir a vontade divina, iniciando a nova Aliança, a nova Família, o povo de Deus.
— **"Alegra-te, ó cheia de graça, o Senhor é contigo." Alegra-te, ó José, filho também tão querido!**
L.: Se o próprio Deus assim quis escolher uma Família para seu Filho, ó Maria, nada temos a temer, pois foi manifestado seu amor fiel a toda a humanidade.
— **Unidos na família e na comunhão fraterna, faremos de nossa casa um Santuário da vida!**

— Ó Mãe de nossas famílias,
Maria, clamamos a vós!
— a família é dom inefável,
— conservai-nos na força da união.
Lá no céu, rogai a Deus por nós!

L.: Maria e José, vós bem lembrais o dia em que encontrastes Jesus entre os doutores e sábios da Lei, quando Ele vos disse que tinha de cuidar das coisas do Pai, e vós compreendestes o sentido de tão grande mistério.
— **No silêncio de vosso coração, ó Maria e José, reinavam a paz e a decisão de fazer a vontade de Deus. Amém!**

— Senhora sois Mãe de ternura,
Maria, clamamos a vós!
— ajudai as famílias que sofrem,
— fazei-nos famílias "sem males".
Lá no céu, rogai a Deus por nós!

(Entrada da Palavra)

— Cântico à Palavra de Deus
— Anúncio – **O Menino Jesus em Jerusalém** – **Lc 2,41-52**
PROCLAMAÇÃO do Evangelho de Jesus Cristo † segundo Lucas.
— **Glória a vós, Senhor!**
[41] Os pais de Jesus iam todos os anos a Jerusalém para a festa da Páscoa. [42] Quando ele tinha doze anos, subiram para lá, como era costume na festa. [43] Passados os dias da festa, quando estavam voltando, ficou em Jerusalém o menino Jesus, sem que seus pais o notassem. [44] Pensando que ele estivesse na comitiva, fizeram o percurso de um dia inteiro. Depois o procuraram entre os parentes e conhecidos, [45] e, não o encontrando, voltaram a Jerusalém a sua procura. [46] Depois de três dias o encontraram no templo, sentado no meio dos doutores,

ouvindo-os e interrogando-os. ⁴⁷Todos os que o ouviam estavam maravilhados com sua sabedoria e com suas respostas. ⁴⁸Quando seus pais o viram, ficaram muito emocionados. E sua mãe lhe perguntou: "Filho, por que fizeste isso conosco? Teu pai e eu te procurávamos, cheios de aflição..." ⁴⁹Jesus respondeu-lhes: "Por que me procuráveis? Não sabíeis que devo estar naquilo que é de meu Pai?" ⁵⁰Mas eles não compreenderam o que lhes dizia. ⁵¹Desceu com eles e foi para Nazaré, e lhes era submisso. Sua mãe conservava todas estas recordações em seu coração. ⁵²Jesus ia crescendo em sabedoria, estatura e graça diante de Deus e dos homens. – Palavra da Salvação.

(Pregação, Mensagem, ao final canta-se a música "Oração pela Família")

(Instante de silêncio orante)

3. Compromisso do Povo da Aliança *(sentados)*

L.: Senhor, fostes vós que instituístes a família e a ela destes vosso amor, gerador de vida. Vossa verdade nos traz liberdade e nos faz viver na profunda comunhão, como vós, Família divina, Trindade Santa.

— Em vós podemos superar toda divisão ou rancor, e, dispostos a perdoar, viver em vosso amor!

L.: Felizes os que vos procuram e vos encontram, Senhor, como vos procuraram Maria e José: sentem tanta alegria e sabem que em vós está a vida.

— Penetrai nossa existência com vossa sabedoria, ó Senhor, e fazei-nos viver com alegria a vida de família!

L.: Vós fizestes Aliança conosco para sermos um povo unido e forte. Desejamos e nos esforçaremos para ser uma família verdadeira, bem do vosso desejo divino.

— Como o povo da nova e eterna Aliança, em vós vamos viver na força da união e bem longe da divisão. Amém!

(Procissão da Caridade – Oferta dos Alimentos)

P: Oremos: Ó Deus de infinita misericórdia, ajudai-nos a resgatar o amor em nossas famílias, e assim as pessoas se sintam felizes e amadas e vençam as dificuldades. Fazei-nos resgatar a beleza da união, do diálogo e da misericórdia em nossa casa e sociedade.

— Maria e José, ajudai-nos a viver, no tempo e na história, a Igreja doméstica em nossa família, Santuário da vida. Amém!

BENDIZER
O povo bendiz ao Senhor

4. Realização da Aliança
(em pé)

L.: Senhor, queremos voltar a Belém, à Casa do Pão, e contemplar o presépio, onde vosso Filho nasceu.

— Assim compreenderemos que, desde pequenino, vosso Filho se pôs do lado dos humildes e abandonados!

L.: O altar é presépio, é vida e ressurreição. Feliz a família que deu lugar para Deus em sua casa, em seu coração!

— Vinde, Senhor Jesus, e fazei-nos compreender que há vida, quando se partilha o pão, como irmãos!

L.: Maria e José, pedi a vosso Filho a graça da sabedoria divina, e nossa Família cresça na graça divina em cada dia.

— Vinde, Senhor Jesus, vinde nos alimentar, e dai vossa vida às nossas famílias, aos humildes e abandonados. Amém!

(Entronização, Exposição e Adoração do Santíssimo)

5. Litania da Paz
(Diante do Santíssimo Sacramento)

L.: Ó Trindade Santa, Pai, Filho e Espírito Santo.
— **Tende misericórdia de nós!**
L.: Ó Trindade Santa, um só Deus, um só amor.
— **Tende misericórdia de nós!**
L.: Ó Trindade Santa, Família de eterno amor.
— **Tende misericórdia de nós!**

L.: Ó Família de Nazaré: Jesus, Maria e José,
— **abençoai nossa Família, sede nossa paz!**
L.: Ó Família de Nazaré, unida num só coração,
— **abençoai nossa Família, sede nossa paz!**
L.: Ó Família de Nazaré, que viveis em plena união,
— **abençoai nossa Família, sede nossa paz!**

L.: Ó Família, bênção divina e santuário da vida,
— **bendita seja a Família de ontem e de agora!**
L.: Ó Família, sede da união e do encontro de irmãos,
— **bendita seja a Família de ontem e de agora!**
L.: Ó Família, rocha firme, casa edificada, força da união,
— **bendita seja a Família de ontem e de agora!**

L.: Libertai-nos das ideologias maldosas e sem vida,
— **ajudai-nos, Senhor, a ser o Templo sagrado da vida!**
L.: conduzi nossa Família no caminho da Aliança,
— **ajudai-nos, Senhor, a ser o Templo sagrado da vida!**
L.: fazei-nos compreender que é só no amor que há vida e harmonia.
— **ajudai-nos, Senhor, a ser o Templo sagrado da vida. Amém!**

Bênção do Santíssimo
(Cântico "Tão Sublime", p. 2)

MISSÃO
Testemunhar a Aliança do Senhor

---

6. Consagrar a vida
P: Maria e José, vossa Família é bênção para a humanidade, pois

foi escolhida para nos trazer Jesus. Não deixeis, ó Maria e José, que o coração de nossas famílias se torne dividido e infeliz. Ajudai-nos a viver próximos uns dos outros no amor, ajudando-nos mutuamente a viver nossos sonhos.

— **Afastai de nós todo relacionamento estéril, sem vida, sem paz, sem harmonia, ó benditos José e Maria. Amém!**

(Consagração a Nossa Senhora, p. 4)

7. Oferta das Flores *(sentados)*

L.: Maria, trazemos flores para vos oferecer, pois sois a Flor mais bela da Igreja, junto de Jesus e de José, vosso esposo. Vós nos ensinastes a semear sementes raras e preciosas no mundo de agora, sementes de confiança, de solidariedade, de justiça e fraternidade.

— **Vosso povo, ó Maria e José, irá cuidar das sementes mais belas, que fazem a vida e a paz germinar!**

L.: Ainda não assumimos o preceito divino de conservar e cuidar do jardim que Ele nos deu, a Casa Comum da humanidade inteira.

— **Sim, ó Maria e José, seremos a profecia da esperança e da paz em nosso mundo dilacerado. Amém!**

8. Agradecimentos

9. Envio Missionário

P.: O Senhor olhe com amor para nossas famílias e nos ajude a viver na alegria, para superar a dor e dificuldades.

— **O Senhor faça renascerem em nossa casa a paz e a esperança!**

P.: Viemos de nossas casas, trazendo o que é nosso,

— **e agora voltamos, levando o que é de Deus, de Nossa Senhora e de José.**

P.: Que a suavidade de cada manhã tome você pela mão e o conduza até o entardecer. O Senhor amenize sua dor ou incerteza. E confiante no Deus que não o abandona, você chegará ao fim do dia em paz. O Senhor nos guarde e nos proteja, e Maria e José nos guiem no caminho de Cristo, nosso Senhor.

— **Assim seja, para sempre! Amém!**

(Homenagem do povo – Entrega das flores)

7º Dia

Com Maria, uma Aliança pela defesa da vida e do meio ambiente!

ACOLHER
Maria é Mãe do povo da Aliança!

(Entrada Celebrante – Concelebrantes)

1. Maria vem a nosso encontro
(Entronização da Imagem da Senhora Aparecida)

P.: Em nome do Pai † e do Filho e do Espírito Santo.
— **Amém!**
P.: "Com Maria, somos povo de Deus, unido pela Aliança".
— **"Com Maria, uma Aliança pela defesa da vida e do meio ambiente!"**
P.: Maria, vós sois a bendita do Pai, e entre nós aparecestes envolvida numa rede, dos pobres e humildes pescadores, João Alves, Domingos Garcia e Felipe Pedroso: sois a bendita nascida das águas.
— **Sois nossa inspiração para viver a Aliança, na defesa da vida tão presente na natureza criada por Deus!**
P.: Se as estrelas existem e brilham, ó Maria, é porque fazem a vontade divina. Vós sois a Estrela de nossa humanidade e brilhais com todo o esplendor, levando-nos ao caminho do amor.
— **Maria, unidos, vamos dizer um basta às incontáveis feridas abertas na natureza!**
P.: O vento carrega a semente que vai nascer em outro lugar, faz derreter a neve e as águas correm, e a vida pode brotar no mais árido deserto, pois o Senhor é o Criador do mais pequenino ser até a mais desconhecida galáxia. Maria, vosso e nosso Deus não nos quer de braços cruzados.
— **Convosco, ó Maria, vamos amar e defender toda a criação, a natureza que o Senhor nos deu. Amém.**

(Incensação da Imagem – Silêncio orante – Na sequência canta-se):

— Ó Senhora de toda a terra,
Maria, clamamos a vós!
— sois bendita e força de justiça,
— de Deus a natureza é criatura.
Lá no céu, rogai a Deus por nós!

— Ó Mãe e Senhora do mundo,
Maria, clamamos a vós!
— afastai-nos da ganância e lucro fácil,
— fazei-nos guardiães da natureza.
Lá no céu, rogai a Deus por nós!

P.: Ó Deus, como é bela a natureza que criastes, e como é triste a atitude dos que não a respeitam. Dai-nos humildade para reconhecer a obra de vossas mãos, que nos ajuda a viver e defender a vida. Por Cristo, nosso Senhor.
— **Assim seja. Amém!**

> **OUVIR**
> *Deus fala com seu povo*

2. A Palavra vem nos libertar
(em pé)

L.: Sejam benditas as altas montanhas, os vales e planícies. Sejam benditos os astros e planetas, as galáxias e os cometas, as estrelas, as nuvens, as chuvas, o sol e a lua, o céu e a terra, nascidos das mãos do Criador.
— **O Senhor revestiu com seu amor cada obra nascida de suas mãos, de seu coração tão manso e misericordioso!**

L.: Maria, queria fazer um poema sem rima e sem trova, do belo jardim da vida, cultivado com amor pelo Criador. A beleza e a grandeza fascinantes de uma árvore secular são ceifadas sem dó nem piedade, e ela chora silenciosa, enquanto canta a vitória o carrasco sem coração.
— **Fazei-nos, Senhor, ter um cuidado sem cobiça e fazei-nos ver reflorescer a natureza tão duramente ferida!**

— Ó Senhora e Mãe de Cristo,
Maria, clamamos a vós!
— ó Mãe dos pequenos e humildes,
— guardai e protegei a natureza.
Lá no céu, rogai a Deus por nós!

L.: No chão de nossa pátria, correm lágrimas sem-fim, pois morrem no silêncio a árvore, a planta, o rio e os animais, por ação daqueles que não se importam com o que é de todos e é de Deus.
— **Ó Maria, vossa presença nos dá a certeza de poder caminhar na verdade de Cristo, nosso Senhor. Amém!**

— Ó Virgem fiel e tão santa,
Maria, clamamos a vós!
— da natureza protegei os cuidadores,
— que a vida seja amada e respeitada.
Lá no céu, rogai a Deus por nós!

(Entrada da Palavra)

— Cântico à Palavra de Deus
— Anúncio – **Bom Pastor – Jo 10,10-15**
PROCLAMAÇÃO do Evangelho de Jesus Cristo † segundo João.
— **Glória a vós, Senhor!**
Naquele tempo disse Jesus: ¹⁰O ladrão vem só para roubar, matar e destruir. Eu vim para que tenham a vida e a tenham em abundância. ¹¹Eu sou o bom pastor. O bom pastor dá a vida pelas ovelhas. ¹²O empregado, que não é pastor, pois as ovelhas não lhe pertencem, ao ver chegar o lobo, abandona as ove-

lhas e foge; e o lobo as arrebata e as dispersa. ¹³O empregado age assim porque não se importa com as ovelhas. ¹⁴Eu sou o bom pastor; conheço minhas ovelhas e minhas ovelhas me conhecem, ¹⁵como o Pai me conhece e eu conheço o Pai. Eu dou minha vida por minhas ovelhas. – Palavra da Salvação.

(Pregação, Mensagem; ao final canta-se a música "De mãos estendidas")

(Instante de silêncio orante)

3. Compromisso do Povo da Aliança *(sentados)*

L.: O Senhor vem a cada manhã despertar-nos para a vida, como os raios do sol, que não se cansam de brilhar sobre justos e bons, sobre injustos e gananciosos, que não amam o que foi por Deus criado.

— É feliz quem deixa Deus interferir em sua vida, pois aprenderá como verdadeiro discípulo!

L.: São belos os pássaros que com seus cantos melodiosos nos anunciam o raiar do dia. Não estão preocupados se haverá chuva ou sol o resto do dia, pois sabem reconhecer que é o Senhor quem deles cuida.

— É triste ver as matas queimando e os animais morrendo, para o gado ocupar seu lugar e enriquecer ainda mais quem de nada mais precisa!

L.: E os pobres são expulsos, sem ter lugar para morar ou trabalhar. Mas o que isso importa se eu vou lucrar mais? O pobre pode vender latinha ou papelão para ter um pouco de arroz e feijão em cada dia.

— Todos vamos prestar contas a Deus de nossa administração. O que farão os gananciosos que não aprenderam a repartir? Libertai-nos, Senhor, e fazei-nos ser mais irmãos. Amém!

(Procissão da Caridade – Oferta dos Alimentos)

P: Oremos: Ó Pai, ainda estamos longe, muito longe, do projeto de vosso Reino, implantado entre nós por vosso Filho. Afirmamos ter fé, mas ainda dizemos sim para a injustiça, para a ganância e usurpação do irmão. Dobrai nosso coração para que aprendamos a viver com dignidade, partilhando a vida, o pão e o coração.

— Se o Senhor não for nosso Senhor, criaremos senhores de poder e de dominação, e já não seremos mais irmãos. Libertai-nos. Amém!

BENDIZER
O povo bendiz ao Senhor

4. Realização da Aliança *(em pé)*

L.: Ó Amor insondável, que vos fizestes pequeno, num pedaço de pão, para que pudéssemos de vós nos aproximar, ricos, pobres e desvalidos, para alcançar a paz e a redenção.

— **Louvado seja nosso Senhor, pela beleza da criação, pela beleza de seu amor incomparável!**
L.: Quem de vós se aproxima não terá mais fome, não terá mais sede, pois vossa presença sacia a nós, pobres seres humanos.
— **Bendito seja o Senhor, que nos oferece seu amor e toda a obra da criação, para vivermos como irmãos!**
L.: Ó Amor inconfundível e libertador, que vos sujeitais a estar em um pedaço de pão para nos amar e nos oferecer a redenção. Quem poderá resistir a tão grande dádiva, que para a vida nos conduz?
— **Vinde, Senhor Jesus, libertai-nos das amarras do poder e da ganância, que não nos deixam repartir. Amém!**

(Entronização, Exposição e Adoração do Santíssimo)

5. Litania da Paz
(Diante do Santíssimo Sacramento)
L.: Ó Cristo, nosso Senhor, Pão vivo, que nossos olhos contemplam,
— **bendito sejais para sempre!**
L.: Ó Trigo moído, que vos deixastes amoldar para serdes o Pão do altar,
— **bendito sejais, ó Pão da vida eterna!**
L.: Ó natureza tão bela, criatura de Deus, mas tão ferida pelo egoísmo,
— **perdoai nossa ganância e nosso desprezo das coisas criadas por Deus!**

L.: Louvado sejais, meu Senhor, com todas as vossas criaturas:
— **Pelo Irmão Sol, que clareia o dia e com sua luz nos ilumina!**
L.: Louvado sejais, meu Senhor, pela Irmã Lua e pelas estrelas,
— **que no céu formastes, claras, preciosas e belas!**
L.: Louvado sejais, meu Senhor, pelo Irmão vento, pelo ar e pelas nuvens,
— **pelo sereno e por todo o tempo em que dais sustento às vossas criaturas!**
L.: Louvado sejais, meu Senhor, pela Irmã água,
— **útil e humilde, preciosa e casta!**
L.: Louvado sejais, meu Senhor, pelo Irmão fogo, com o qual iluminais a noite.
— **Ele é belo e alegre, vigoroso e forte!**

L.: Louvado sejais, meu Senhor, por nossa Irmã, a mãe Terra, que nos sustenta e governa,
— **produz frutos diversos, flores e ervas!**
L.: Louvado sejais, meu Senhor, pelos que perdoam por vosso amor
— **e suportam as enfermidades e tribulações!**
L.: Louvado sejais, meu Senhor, pelos que sofreram os tormentos do mundo
— **e, contentes, sorrindo, perdoaram.**
L.: Louvado sejais pela alegria dos que trabalham,

— **pela morte serena dos bondosos!**
L.: Louvado sejais, Deus, pela mãe querida, a natureza, que fizestes bela e forte.
— **Louvado sejais pela Irmã Vida, louvado sejais pela Irmã Morte. Amém!**

Bênção do Santíssimo
(Cântico "Tão Sublime", p. 2)

MISSÃO
Testemunhar a Aliança do Senhor

6. Consagrar a vida
P.: Maria, que a força da esperança transborde em nós, e com vossa presença materna, sejamos capazes de vencer os desvios dos gananciosos, que não respeitam a natureza, que é de direito de todos. Fazei-nos vencedores e germinadores do bem e da concórdia.
— **Convosco e com Jesus, caminharemos em sua luz, amando e respeitando a vida das pessoas e da natureza. Amém!**

(Consagração a Nossa Senhora, p. 4)

7. Oferta das Flores *(sentados)*
L.: Belas são as flores cultivadas pelo jardineiro, mas muito mais belos são os que aprenderam a respeitar e cuidar da natureza, criatura de Deus.
— **Ferir a natureza é ferir a vida e o próprio Deus, que tudo criou para vivermos na alegria de filhos seus!**

L.: Erguemos em nossos braços, ó Mãe, a esperança, como as flores que vos oferecemos com gratidão, mas também reverenciamos os que defendem a natureza e não permitem sua destruição. Aceitai, ó Mãe, as flores e nosso coração.
— **Maria, fina flor de Israel, sois a beleza sem igual do Reino de Deus. Nós vos amamos, ó Senhora nossa. Amém!**

8. Agradecimentos

9. Envio Missionário
P.: Você veio, participou e celebrou sua fé. O Senhor faça descerem, suavemente, sobre você e sua família, sua bênção e sua paz.
— **O Senhor toque em nosso coração, liberte-nos e nos dê a paz e a harmonia!**
P.: Viemos de nossas casas, trazendo o que é nosso,
— **e agora voltamos, levando o que é de Deus e de Nossa Senhora.**
P.: O Senhor toque em suas mãos, para que você possa construir um mundo mais irmão; em sua existência, para que você seja dom; e em seus olhos, para que veja a beleza e a grandeza de seu amor e de sua criação.
Vão em paz, na força da vida, na claridade da luz, com Maria, José e Jesus!
— **Assim seja, agora e sempre. Amém!**

(Homenagem do povo – Entrega das flores)

8º Dia

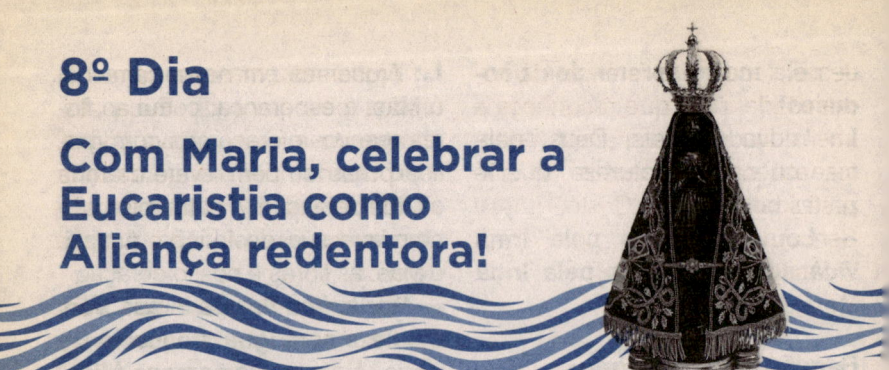

Com Maria, celebrar a Eucaristia como Aliança redentora!

ACOLHER
Maria é Mãe do povo da Aliança!

(Entrada Celebrante – Concelebrantes)

1. Maria vem a nosso encontro
(Entronização da Imagem da Senhora Aparecida)

P.: Em nome do Pai † e do Filho e do Espírito Santo.
— Amém!
P.: "Com Maria, somos povo de Deus, unido pela Aliança".
— "Com Maria, celebrar a Eucaristia como Aliança redentora!"
P.: Maria, na força da nova Aliança, que vós gerastes em vosso seio abençoado, o Cristo Senhor, vimos ao vosso encontro, pois junto de vós a vida é abundante e confortante.
— **Em vossa presença, ó Maria, penetra-nos vosso amor maternal sem igual, transformador, libertador!**
P.: Como são belos, Mãe Santa, os passos e a vida dos que compreenderam o mistério da redenção, que do altar transbordou e alcançou o mundo e o coração humano. Foram transformados pela força do amor, brotado em cada mistério celebrado.
— Ó Cristo, Bom Pastor, sois nossa redenção; de vós nos vêm a vida, a paz e a salvação!
P.: É tão bom e nos traz tanta paz saber que o Cristo continua a nos oferecer o dom da salvação, exatamente em nossas precariedades e fragilidades, que estão sempre a nos atormentar.
— **Maria, Mãe do Cristo Senhor, fazei-nos celebrar com mais ardor a Eucaristia, mistério de nossa redenção!**

(Incensação da Imagem – Silêncio orante – Na sequência canta-se):

— Ó Mãe do Cristo Redentor,
Maria, clamamos a vós!
— sois o encanto do nosso coração,
— de Cristo nos vem a redenção.
Lá no céu, rogai a Deus por nós!

— Ó força invencível do amor,
Maria, clamamos a vós!
— como o trigo dourado e moído,
— fazei-nos ser dom eucarístico.
Lá no céu, rogai a Deus por nós!

P.: Ó Deus, vós nos destes o dom da salvação em vosso Filho

Jesus, tocai na existência da humanidade, para que reconheça a imensidão de vosso amor redentor, em cada Eucaristia de que participamos. Por Cristo, nosso Senhor.
— **Assim seja. Amém!**

> OUVIR
> *Deus fala com seu povo*

2. A Palavra vem nos libertar
(em pé)

L.: Maria, fostes vós a "Casa da Palavra", pois gerastes em vosso seio a Palavra eterna, a Aliança definitiva que o Pai realizou com todos os homens e mulheres da terra, por meio de Jesus, nosso Salvador.
— **A Palavra se fez carne e o ramo de Jessé brotou em Nazaré, em Belém, em nossa pátria e no coração de quem ama!**

L.: Maria, vós sois a "Casa da Eucaristia", pois vosso seio bendito gerou aquele que veio da eternidade para morar no meio de nossa humanidade. Só um Deus que ama de verdade nos dá de presente seu Filho amado, nosso Redentor.
— **Bendita sejais Maria, a "Casa da Eucaristia", que nos ensina a viver unidos no amor de Cristo!**

— Ó Mãe e Senhora da Igreja,
Maria, clamamos a vós!
— guiai-nos na força da união,
— fazei-nos viver da Eucaristia.
Lá no céu, rogai a Deus por nós!

L.: Ajudai-nos, Maria, a caminhar unidos pela Sagrada Eucaristia, abraçando a vida, dádiva divina, e expulsando para longe da terra as ideologias do consumismo e do prazer, do provisório e da falta de ética.
— **Na força do amor que vem do Senhor, ó Maria, queremos viver como Igreja da nova Aliança. Amém!**

— Ó Virgem e Senhora dos pobres,
Maria, clamamos a vós!
— ó Mãe e Mulher eucarística,
— amparai e socorrei a Juventude.
Lá no céu, rogai a Deus por nós!

(Entrada da Palavra)

— Cântico à Palavra de Deus
— Anúncio - **Memória pascal – 1Cor 11,23-26**

Leitura da Primeira Carta de São Paulo aos Coríntios:
Irmãos: [23]O que eu recebi do Senhor foi isso que eu vos transmiti: Na noite em que foi entregue, o Senhor Jesus tomou o pão [24]e, depois de dar graças, partiu-o e disse: "Isto é o meu corpo que é dado por vós. Fazei isto em minha memória".
[25]Do mesmo modo, depois da ceia, tomou também o cálice e disse: "Este cálice é a nova aliança, em meu sangue. Todas as vezes que dele beberdes, fazei isto em minha memória". [26]Todas as vezes, de fato, que comerdes deste pão e

beberdes deste cálice, estareis proclamando a morte do Senhor, até que ele venha. – Palavra do Senhor.

(Pregação, Mensagem; ao final canta-se a música "Desde a manhã")

(Instante de silêncio orante)

3. Compromisso do Povo da Aliança *(sentados)*

L.: Senhor Jesus, vós não apenas nos ensinastes a amar, mas vós nos amastes e nos servistes, com vossa Palavra e com vossa própria vida.

— Ninguém pode realizar-se e ser feliz, Senhor, se não seguir vosso ensinamento e exemplo!

L.: Vós sois o modelo de criatura humana e nossa fonte de inspiração para nossa ação missionária e de caridade. Se recebemos a comunhão, outro jeito não há, se não vivermos em comunhão de irmãos.

— Receber a Eucaristia é comprometer-se como Maria, na causa do Reino e da salvação!

L.: A Igreja bem do jeito de Jesus nos ensina a partilhar a vida e o pão. Há clamores pelos campos e cidades, mas que ainda não alcançaram nem tocaram o coração dos cristãos.

— Como povo do Senhor, vamos nos dar as mãos e, na força da união, fazer o mundo ser mais fraterno, sem escravidão e dominação. Amém!

(Procissão da Caridade – Oferta dos Alimentos)

P: Oremos: Ó Pai, reacendei no frágil coração de vosso povo a chama de vossa misericórdia, para que assim ele caminhe na firme esperança de ver um dia a plenitude da vida realizar-se entre nós, aqui e agora.

— Na força da união com Cristo e Maria, viveremos em comunhão, sendo sinais do amor sem igual. Amém!

BENDIZER
O povo bendiz ao Senhor

4. Realização da Aliança *(em pé)*

L.: Bendita seja a Mesa do altar, que nos chama à comunhão, como aquele dia em que Jesus instituiu a Eucaristia.

— Foi o Cristo que lavou os pés dos discípulos e nos pediu para lavar os pés uns dos outros!

L.: Naquele dia, os Apóstolos aprenderam a grande lição: quem se dispõe a servir tem de ser humilde e cingir-se no amor servidor.

— Vosso povo, Senhor, vestirá as vestes da humildade e estará pronto para testemunhar vosso amor sem igual!

L.: Ó Pão angélico, Pão de nossa salvação, vinde e impregnai vossa Igreja de ardor missionário, a favor de vosso Reino, a favor da vida.

— Junto de Maria, bendizemos o Cristo presente na Eucaristia, agora e por toda a nossa vida. Amém!

(Entronização, Exposição e Adoração do Santíssimo)

5. Litania da Paz
(Diante do Santíssimo Sacramento)
L.: Ó Deus adorado, eu quisera vos contemplar todos os dias.
— **Senhor, Deus da vida, Pão da eternidade!**
L.: Ó Deus amado, eu quisera vos servir sem cessar, com amor e gratidão.
— **Senhor, Deus da salvação, Pão dos Anjos!**
L.: Ó Deus e Senhor nosso, a vós nosso louvor, nosso amor, nossa confiança.
— **Senhor, Deus Redentor, Pão que nos sustenta!**

L.: Ó bendita encarnação,
— **Deus amor, Deus perdão!**
L.: ó bendita salvação,
— **Deus amor, Deus perdão!**
L.: ó copiosa redenção,
— **Deus amor, Deus perdão!**

L.: Ó bendita misericórdia,
— **dai-nos a paz, a vida e a salvação!**
L.: Ó bendito Santo e Santificador entre nós,
— **dai-nos a paz, a vida e a salvação!**
L.: Jesus Cristo, Deus amor, Deus perdão!
— **dai-nos a paz, a vida e a salvação!**

L.: Nosso coração, de povo da Aliança, vos bendiz agradecido,
— **sois nossa misericórdia, nosso perdão!**
L.: Nós vos saudamos, Pão angélico, Pão do céu, Pão da eternidade,
— **nós vos adoramos neste sacramento!**
L.: Salve, Jesus, Filho de Maria,
— **na hóstia santa, sois o Deus verdadeiro, nosso Redentor! Amém!**

Bênção do Santíssimo
(Cântico "Tão Sublime", p. 2)

> **MISSÃO**
> *Testemunhar a Aliança do Senhor*

6. Consagrar a vida
P.: Maria, o Cristo de vós nascido veio nos mostrar o quanto Deus nos ama, o quanto somos dele imagem e semelhança! Ele veio nos fazer participar da vida divina, para sermos redimidos em sua misericórdia, em seu amor. Por isso, ó Mãe, nossa consagração a vós quer resgatar esse amor, que nos redime e nos faz viver de novo.
— **A Boa Nova da Redenção, o Evangelho de Cristo, nos faz alcançar a redenção, no hoje de nossa história. Amém!**

(Consagração a Nossa Senhora, p. 4)

7. Oferta das Flores *(sentados)*
L.: Sim, ó Mãe e Senhora, nós vos trazemos agora as flores mais be-

las dos jardins da vida, pois elas manifestam a beleza de Deus.
— **Tudo nos veio do Senhor: a beleza da flor e a grandeza do amor, que nos salvam e nos redimem!**
L.: É tão bom saber, ó Maria, que não fomos abandonados por Deus, mas que Ele quer nos acolher em seu amor redentor e nos dar um destino feliz.
— **Com Maria, vamos ao encontro do Senhor, Deus da vida, que nos redime e nos salva em seu amor. Amém!**

8. Agradecimentos

9. Envio Missionário

P.: O Senhor nos concedeu a graça de estarmos juntos, celebrando a vida com Jesus, com Maria. Sejamos, pois, portadores da profecia da esperança, da transformação e da libertação.
— **Unidos na Comunidade, viveremos uma fé viva e comprometida!**
P.: Viemos de nossas casas, trazendo o que é nosso,
— **e agora voltamos, levando o que é de Deus e de Nossa Senhora.**
P.: A você, que hoje rezou, que a brisa leve do Espírito de Deus sopre sobre sua existência... A luz de Cristo brilhe suave em sua face... Que uma chuva de graças caia de mansinho em sua vida. E, até que nos encontremos de novo, que Deus o guarde na palma de suas mãos e o abençoe rica e poderosamente, em tudo e sempre.
— **Assim seja, hoje e sempre. Amém!**

(Homenagem do povo – Entrega das flores)

9º Dia

Com Maria, na Aliança de unidade com o papa Francisco!

ACOLHER
Maria é Mãe do povo da Aliança!

(Entrada Celebrante – Concelebrantes)

1. Maria vem a nosso encontro
(Entronização da Imagem da Senhora Aparecida)

P.: Em nome do Pai † e do Filho e do Espírito Santo.
— Amém!
P.: "Com Maria, somos povo de Deus, unido pela Aliança".
— **"Com Maria, na Aliança de unidade com o papa Francisco!"**
P.: Maria, acolhei o povo que agora vos manifesta seu amor, sua ternura. Trazemos em nosso coração, ó Mãe, o sentimento de vosso Filho, que nos chama para a união e a edificação do Reino, aqui e agora.
— **Somos a Igreja peregrina, e vivemos na unidade com o Vigário de Cristo, o papa Francisco!**
P.: Maria, vós sois a Mãe da Igreja, deste povo que vos venera e vos é agradecido, pois que dádiva maior poderíamos ter recebido, se vós não nos tivésseis trazido o Filho de Deus, que de vós nasceu?
— **No amor a vosso Filho, viveremos na comunhão, como Igreja verdadeira, sem desunião ou divisão!**
P.: Com amor e muita confiança, nós vos pedimos, ó Senhora Aparecida, pela Igreja da qual sois Mãe; amparai o papa nas horas tristes, consolai-o nas oposições, dos que nada querem mudar nem perder privilégios e pretensões.
— **Convosco, ó Mãe, pedimos ao vosso Filho: guardai-o em vosso amor e protegei-o em sua difícil missão!**

(Incensação da Imagem – Silêncio orante – Na sequência canta-se:)

(Marcha da Igreja – Padre Adilson José Kuntzler)
Reunidos em torno dos nossos pastores – Nós iremos a ti!
Professando todos uma só fé – Nós iremos a ti!
Armados com a força que vem do Senhor – Nós iremos a ti!
Sob o impulso do Espírito Santo – Nós iremos a ti!

**Igreja Santa, Templo do Senhor – Glória a ti, Igreja Santa, ó cidade dos cristãos.
Que teus filhos, hoje e sempre, vivam todos como irmãos!**

Com os romeiros de Nossa Senhora – **Nós iremos a ti!**
Com nossos irmãos sofredores – **Nós iremos a ti!**
Com aqueles que sobem ao Altar – **Nós iremos a ti!**
Com aqueles que partem em missão – **Nós iremos a ti!**

P.: Ó Deus, àqueles que vos acolhem manifestais vossos desígnios benevolentes; conduzi por vosso Espírito Santo aquele que colocastes no lugar de Pedro e o fizestes vosso primeiro servidor no mundo. Por Cristo, nosso Senhor.
— **Assim seja. Amém!**

OUVIR
Deus fala com seu povo

2. A Palavra vem nos libertar
(em pé)

L.: Maria, como é belo vosso olhar, que nos faz penetrar no mistério de Deus. Recordamos aquele dia, o qual nem podíamos imaginar, quando surgiu para o mundo inteiro: o papa Francisco, o Bergoglio de tão perto de nós.
— **Como vosso povo, ó Mãe, vamos caminhar unidos na Comunidade, sendo Igreja viva, participativa!**

L.: Tornai-nos, ó Mãe, mais adultos na fé e no silêncio do coração; dai-nos sentir a imensidão de vosso amor presente no ser humano, para que possamos ver nascer entre nós o amor autêntico e sincero.
— **Fazei-nos renascer cada vez mais fortes na ação missionária e no cuidado pelas coisas divinas!**

— Senhora e Mãe da Igreja,
Maria, clamamos a vós!
— sois Mãe do Cristo Redentor,
— sois Mãe do povo do Senhor.
Lá no céu, rogai a Deus por nós!

L.: Maria, fazei companhia cada dia a vosso filho, o papa Francisco, pois há quem, até mesmo de dentro da Igreja, rejeita as orientações do Concílio Vaticano II, que ele nos propõe. Dai-lhe a força necessária para continuar a servir, bem do jeito de vosso Filho Jesus.
— **Unidos a Cristo e ao nosso papa, sendo Igreja viva e comprometida, seremos todos sacramentos do Reino. Amém!**

— Fazei-nos sempre unidos em Cristo,
Maria, clamamos a vós!
— guardai e protegei a Juventude,
— amparai as crianças e as famílias.
Lá no céu, rogai a Deus por nós!

(Entrada da Palavra)
— Cântico à Palavra de Deus
— Anúncio – **Pedro, chefe da Igreja** – **Mt 16,13-19**
PROCLAMAÇÃO do Evangelho de Jesus Cristo † segundo Mateus.
— **Glória a vós, Senhor!**
Naquele tempo, ^{13}Jesus foi à região de Cesaréia de Filipe e ali perguntou aos seus discípulos: "Quem dizem os homens ser o Filho do Homem?"
^{14}Eles responderam: "Alguns dizem que é João Batista; outros

que é Elias; outros ainda, que é Jeremias ou algum dos profetas". ¹⁵Então Jesus lhes perguntou: "E vós, quem dizeis que eu sou?" ¹⁶Simão Pedro respondeu: "Tu és o Messias, o Filho do Deus vivo". ¹⁷Respondendo, Jesus lhe disse: "Feliz és tu, Simão, filho de Jonas, porque não foi um ser humano que te revelou isso, mas o meu Pai que está no céu. ¹⁸Por isso eu te digo que tu és Pedro, e sobre esta pedra construirei a minha Igreja, e o poder do inferno nunca poderá vencê-la. ¹⁹Eu te darei as chaves do Reino dos Céus: tudo o que tu ligares na terra será ligado nos céus; tudo o que tu desligares na terra será desligado nos céus". – Palavra da Salvação.

(Pregação, Mensagem; ao final canta-se a música "Novo jeito de sermos Igreja")

(Instante de silêncio orante)

3. Compromisso do Povo da Aliança *(sentados)*

L.: Senhor Deus, desde Abraão, vós nos olhastes com amor e o fizestes pai de um povo muito numeroso, mais que as estrelas do céu, mais que os grãos de areia do mar.

— É bela nossa vocação de sermos povo do Senhor, pois fomos irmanados em seu amor!

L.: Com vosso Filho Jesus, instituístes vosso povo novo, o da nova Aliança, fundado na rocha, em Pedro, que é pedra, continuando a mesma missão nascida no coração de Cristo.

— Unidos na Comunidade e vivendo o Evangelho de Jesus, seremos vosso povo caminhando na luz!

L.: Vós nos chamais, Senhor, para tomarmos parte em vosso Reino, proclamando a nova Aliança, tornada perfeita na ressurreição de Cristo.

— É dádiva, Senhor, ser vosso povo e vossa Igreja, que continua sua missão verdadeira, sendo em nossos dias sinais de vossa presença. Amém!

(Procissão da Caridade – Oferta dos Alimentos)

P: Oremos: Ó Pai, é grande o mistério de vossa Igreja, sacramento de vosso Reino. Vós nos conheceis e sabeis das adversidades e fraquezas, mas temos certeza da força transformadora de vossa misericórdia, que nos faz recomeçar e andar no caminho da luz e de vossa verdade.

— Unidos ao papa Francisco, ó Senhor, viveremos na força da esperança, participando agora, como os participantes de outrora, da pertença a vosso Reino. Amém!

BENDIZER
O povo bendiz ao Senhor

4. Realização da Aliança *(em pé)*

L.: O céu e as estrelas, a terra, os rios e mares, os homens e mulheres, todos os seres se alegram, ó Maria, pois sois a Mãe de Cristo e da Igreja, sacramento do Reino.

— **Bendito seja o Cristo que vos anunciou: "Eis o teu filho". "Eis a tua mãe".**

L.: Feliz quem faz e pensa bem do jeito de Maria, que jamais hesitou em obedecer ao Senhor. Feliz quem obedece à Igreja e a respeita, em seus legítimos Pastores, pois andará no caminho do Reino.

— **Ó Virgem bendita, fazei nossa vida transbordar de santa esperança e profunda alegria!**

L.: Somos o povo da nova Aliança, ó Maria, somos a Igreja do século de agora, que nos faz penetrar na história, como fez Jesus em seu tempo.

— **No caminho do diálogo, do encontro e da misericórdia, seremos a Igreja viva, presente e participativa, na defesa da vida e da dignidade humana. Amém!**

(Entronização, Exposição e Adoração do Santíssimo)

5. Litania da Paz
(Diante do Santíssimo Sacramento)

L.: Ó Senhor, Filho de Deus Pai, nascido de Maria.

— **Ó Filho do Deus vivo, tende piedade de nós!**

L.: Ó Cristo, Verbo eterno, Palavra encarnada em nós.

— **Ó Filho do Deus vivo, tende misericórdia de nós!**

L.: Ó Senhor, Redentor da humanidade, plenitude da vida.

— **Ó Filho do Deus vivo, tende compaixão de nós!**

L.: Jesus, Sacerdote eterno, nosso Bom Pastor,

— **fortalecei a Igreja, sacramento de vosso Reino!**

L.: Jesus, Amigo dos pobres, dos sofredores,

— **fortalecei a Igreja, sacramento de vosso Reino!**

L.: Jesus, Palavra viva e eterna do Pai, Príncipe da Paz,

— **fortalecei a Igreja, sacramento de vosso Reino!**

L.: Os humildes acolhem o Senhor e reconhecem seu Reino,

— **acolhem o Senhor, pois eles têm o coração vazio!**

L.: No mundo, ressoa a voz da verdade, pelos legítimos Pastores,

— **Jesus, o Amigo dos pobres, fortalece-os na missão!**

L.: Feliz quem acolhe o que nos diz a Igreja de agora,

— **ela faz ressoar a profecia da esperança da vida!**

L.: Acolhe o Senhor quem vive na humildade e o reconhece como Libertador,

— **Ele foi e será sempre Amigo dos oprimidos e abandonados!**

L.: O povo da Aliança espera no Senhor, pois é grande seu amor,

— **pois Ele é nossa esperança e salvação!**

L.: Fazei-nos, Senhor, ser Igreja viva, comprometida, participativa, bem do jeito de Jesus,

— **pois este é o caminho do Reino, que nos conduz à verdade e à paz. Amém!**

Bênção do Santíssimo
(Cântico "Tão Sublime", p. 2)

MISSÃO
Testemunhar a Aliança do Senhor

6. Consagrar a vida

P.: Maria, vós fostes inteiramente consagrada ao Senhor, cumprindo sua vontade, sendo sinal irrepreensível de seu amor. Vosso Filho Jesus é o Amor eterno, vivo e presente entre nós. Viver em comunhão com Ele é trilhar o caminho que nos conduz à santidade.
— Sim, ó Maria, vós sois nossa fonte de inspiração, e nos fazeis dar os passos para nossa salvação. Amém!

(Consagração a Nossa Senhora, p. 4)

7. Oferta das Flores *(sentados)*

L.: Maria, Mulher solidária e solícita no amar e servir, hoje vos dizemos muito obrigado do mais profundo de nosso coração. As muitas flores que floriram nos jardins, rosas, orquídeas, cravos e jasmins, nós vos oferecemos, ó Maria, como sinal de gratidão.
— Bendita sejais, ó Maria, que nos estendeis as mãos e nos dais seu materno coração!
L.: Ó florinhas mimosas, que dançais ao toque do vento e da brisa leve da manhã, enfeitando os vales, planícies e montanhas e o mais pequenino jardim, fazei-nos compreender que o Cristo e Maria são beleza sem-fim.
— Obrigado, Maria, por serdes a Mãe do povo que caminha unido na Aliança de vosso Filho Jesus, a Igreja peregrina. Amém!

8. Agradecimentos

9. Envio Missionário

P.: Estamos terminando a Novena em louvor de Nossa Senhora Aparecida, que surgiu na vida e no coração dos pobres: João Alves, Felipe Pedroso e Domingos Garcia. Foi assim que Deus quis que tudo acontecesse.
— Bendita sejais, ó Maria, Senhora Aparecida, que em tudo cumpristes a vontade divina!
P.: Sejamos missionários decididos e ardorosos da copiosa redenção,
— para que reinem, entre nós, os valores do Reino, que por nada poderemos trocar!
P.: Não tenhais medo dos que podem tirar a vida, mas não podem matar nem roubar a dignidade, a verdade do Evangelho nem o abraço da paz.
— É feliz quem busca no Senhor seu refúgio, e nele encontra abrigo!
P.: Vinde, vede e anunciai, em vosso trabalho e em vosso lazer, em vossa família e em vossa Comunidade, em cada coração humano, a verdade de Cristo, que não morre e dura para sempre.
— Abraçaremos nosso Batismo, com alegria e decisão, para vivermos nossa missão!
P.: Ide, vivei com intensidade e generosidade! Por onde passardes, deixai para trás rastros de esperança, de concórdia, de harmonia e de paz.
— Mãe Aparecida, seremos uma Igreja servidora e comprometida com a dignidade da vida. Amém!

(Homenagem do povo – Entrega das flores)

9º DIA

Solenidade Nossa Senhora Aparecida

Dia da Criança
(Cor Litúrgica: Branca)

RITOS INICIAIS
Na presença do Senhor!

1. Canto Inicial
De alegria vibrei no Senhor

De alegria vibrei no Senhor, pois vestiu-me com sua justiça, adornou-me com joias bonitas, como esposa do rei me elevou.

1. Transborda o meu coração em belos versos ao rei, um poema, uma canção com a língua escreverei. De todos és o mais belo, a graça desabrochou em teu semblante, em teus lábios pra sempre Deus te abençoou.

2. Valente, forte, herói. Pela verdade a lutar, a justiça a defender, vitorioso tu serás. Lutas com arma e poder, o inimigo a correr, eterno é o teu trono, ó Deus, é retidão para valer!

2. Antífona *(Is 61,10)*

Com grande alegria rejubilo-me no Senhor, e minha alma exultará no meu Deus, pois me revestiu de justiça e salvação, como a noiva ornada de suas joias.

3. Saudação

Pres.: Em nome do Pai † e do Filho e do Espírito Santo.
— **Amém.**

Pres.: Com o coração cheio de júbilo e gratidão, na celebração da Senhora Aparecida, eu vos desejo que a graça e a paz de nosso Senhor Jesus Cristo, o amor do Pai e a comunhão do Espírito Santo estejam convosco.
— **Bendito seja Deus que nos reuniu no amor de Cristo.**

Celebremos fervorosamente a Senhora Aparecida, nossa Mãe e Rainha. A pequena imagem, fragmentada, pescada no rio Paraíba, nos traz uma grande lição: do que está dividido é possível unir de novo. Rompam-se os muros, abismos, distâncias, que criamos entre nós mesmos. Ela é Mãe e Senhora do povo cristão, povo da nova e eterna Aliança, e nos ensina a nos reconciliar e ser instrumentos de reconciliação. Celebremos, pois, a Mãe de Amor, com júbilo e gratidão, com hosanas, e façamos ressoar melodias que nos encantam e nos elevam aos céus.

4. Ato Penitencial

Pres.: Senhor Deus, aproximamo-nos de vós e pedimos vossa misericórdia. Não nos deixeis faltar o vinho novo de Cristo, que

nos reconcilia convosco. Perdoai-nos. *(Silêncio)*
Pres.: Senhor, que sois o defensor dos pobres, tende piedade de nós.
— **Senhor, Deus da vida, tende piedade de nós!**
Pres.: Cristo, que sois o refúgio dos fracos, tende piedade de nós.
— **Cristo, Deus de misericórdia, tende piedade de nós!**
Pres.: Senhor, que sois a esperança dos pecadores, tende piedade de nós.
— **Senhor, Deus de bondade, tende piedade de nós!**
Pres.: Deus todo-poderoso tenha compaixão de nós, perdoe nossos pecados e nos conduza à vida eterna.
— **Amém.**

5. Hino de Louvor
Glória a Deus nas alturas e paz na terra aos homens por ele amados. **Senhor Deus, Rei dos céus, Deus Pai todo-poderoso.** Nós vos louvamos, **nós vos bendizemos,** nós vos adoramos, nós vos glorificamos, nós vos damos graças por vossa imensa glória. **Senhor Jesus Cristo, Filho unigênito,** Senhor Deus, Cordeiro de Deus, Filho de Deus Pai. Vós que tirais o pecado do mundo, tende piedade de nós. Vós que tirais o pecado do mundo, acolhei a nossa súplica. **Vós que estais à direita do Pai, tende piedade de nós.** Só vós sois o Santo, **só vós, o Senhor,** só vós, o Altíssimo, Jesus Cristo, **com o Espírito Santo, na glória de Deus Pai. Amém.**

6. Oração
Pres.: OREMOS: *(instante de silêncio)* Ó DEUS TODO-PODEROSO, ao rendermos culto à Imaculada Conceição de Maria, Mãe de Deus e Senhora nossa, concedei que o povo brasileiro, fiel à sua vocação e vivendo na paz e na justiça, possa chegar um dia à pátria definitiva. Por nosso Senhor Jesus Cristo, vosso Filho, na unidade do Espírito Santo.
— **Amém.**

LITURGIA DA PALAVRA
Ouvir o Senhor!

Ester clama ao rei em favor de seu povo, e Maria clama a seu Filho que ofereça o vinho novo da plenitude da vida, a salvação.

7. Primeira Leitura
(Est 5,1b-2; 7,2b-3)
Leitura do Livro de Ester:
¹ᵇEster revestiu-se com vestes de rainha e foi colocar-se no vestíbulo interno do palácio real, frente à residência do rei. O rei estava sentado no trono real, na sala do trono, frente à entrada. ²Ao ver a rainha Ester parada no vestíbulo, olhou para ela com agrado e estendeu-lhe o cetro de ouro que tinha na mão, e Ester aproximou-se para tocar a ponta do cetro.
⁷,²ᵇEntão, o rei lhe disse: "O que me pedes, Ester; o que queres que eu faça? Ainda que me pedisses a metade do meu reino, ela te seria concedida".
³Ester respondeu-lhe: "Se ganhei as tuas boas graças, ó rei, e se for de teu agrado, concede-me a vida – eis o meu pedido! – e a vida do meu povo – eis o meu desejo!" – Palavra do Senhor.
— **Graças a Deus!**

8. Salmo Responsorial (Sl 44)
Salmista: Escutai, minha filha, olhai, ouvi isto: que o Rei se encante com vossa beleza!
— **Escutai, minha filha, olhai, ouvi isto: que o Rei se encante com vossa beleza!**
— Escutai, minha filha, olhai, ouvi isto:/ "Esquecei vosso povo e a casa paterna!/ Que o Rei se encante com vossa beleza!/ Prestai-lhe homenagem: é vosso Senhor!
— O povo de Tiro vos traz seus presentes,/ os grandes do povo vos pedem favores./ Majestosa, a princesa real vem chegando,/ vestida de ricos brocados de ouro.
— Em vestes vistosas ao Rei se dirige/ e as virgens amigas lhe formam cortejo;/ entre cantos de festa e com grande alegria,/ ingressam, então, no palácio real".

9. Segunda Leitura
(Ap 12,1.5.13a.15-16a)
Leitura do Livro do Apocalipse de São João:
¹Apareceu no céu um grande sinal: uma mulher vestida do sol, tendo a lua debaixo dos pés e sobre a cabeça uma coroa de doze estrelas. ⁵E ela deu à luz um filho homem, que veio para governar todas as nações com cetro de ferro. Mas o filho foi levado para junto de Deus e do seu trono. ¹³ᵃQuando viu que tinha sido expulso para a terra, o dragão começou a perseguir a mulher que tinha dado à luz o menino. ¹⁵A serpente, então, vomitou como um rio de água atrás da mulher, a fim de a submergir. ¹⁶ᵃA terra, porém, veio em socorro da mulher. – Palavra do Senhor.
— **Graças a Deus!**

10. Aclamação ao Evangelho
— Aleluia! Aleluia! Aleluia!
— **Aleluia! Aleluia! Aleluia!**
— Disse a Mãe de Jesus aos serventes: "Fazei tudo o que Ele disser!"

Anúncio do Evangelho
(Jo 2,1-11)
Pres.: O Senhor esteja convosco.
— **Ele está no meio de nós!**
Pres.: PROCLAMAÇÃO do Evangelho de Jesus Cristo † segundo João.
— **Glória a vós, Senhor!**
Naquele tempo, ¹houve um casamento em Caná da Galileia. A mãe de Jesus estava presente. ²Também Jesus e seus discípulos tinham sido convidados para o casamento. ³Como o vinho veio a faltar, a mãe de Jesus lhe disse: "Eles não têm mais vinho". ⁴Jesus respondeu-lhe: "Mulher, por que dizes isto a mim? Minha hora ainda não chegou". ⁵Sua mãe disse aos que estavam servindo: "Fazei o que ele vos disser!". ⁶Estavam seis talhas de pedra colocadas aí para a purificação que os judeus costumam fazer. Em cada uma delas cabiam mais ou menos cem litros. ⁷Jesus disse aos que estavam servindo: "Enchei as talhas de água!". Encheram-nas até a boca. ⁸Jesus disse: "Agora tirai e levai ao mestre-sala!". E eles levaram. ⁹O mestre-sala experimentou a água que se tinha transformado em vinho. Ele não sabia de onde vinha, mas os que estavam servindo sabiam, pois eram eles que tinham tirado a água.

¹⁰O mestre-sala chamou então o noivo e lhe disse: "Todo mundo serve primeiro o vinho melhor e, quando os convidados já estão embriagados, serve o vinho menos bom. Mas tu guardaste o vinho bom até agora!" ¹¹Este foi o início dos sinais de Jesus. Ele o realizou em Caná da Galileia e manifestou a sua glória, e seus discípulos creram nele. – Palavra da Salvação.
— Glória a vós, Senhor!

11. Profissão de Fé
Creio em Deus Pai todo-poderoso, criador do céu e da terra. **E em Jesus Cristo, seu único Filho, nosso Senhor,** que foi concebido pelo poder do Espírito Santo; nasceu da Virgem Maria; **padeceu sob Pôncio Pilatos, foi crucificado, morto e sepultado.** Desceu à mansão dos mortos, ressuscitou ao terceiro dia, **subiu aos céus; está sentado à direita de Deus Pai todo-poderoso,** donde há de vir a julgar os vivos e os mortos. **Creio no Espírito Santo;** na Santa Igreja católica; na comunhão dos santos; **na remissão dos pecados;** na ressurreição da carne; **na vida eterna. Amém.**

12. Preces da Comunidade
Pres.: Ó Deus, vós escolhestes Maria para ser a Mãe de Cristo, vosso Filho, e nos oferecestes a vida e a salvação. Ouvi, por vossa bondade, vosso povo que vos clama: **Ouvi, Senhor, o clamor de vosso povo!**

1. VOLVEI vosso olhar misericordioso para vossa Igreja e concedei-lhe a inspiração necessária para anunciar o Evangelho no tempo de agora, nós vos pedimos, Senhor.

2. MULTIPLICAI os servidores de vosso Reino, e os menos favorecidos no mundo tenham a dignidade resgatada e a justiça seja estabelecida verdadeiramente, nós vos pedimos, Senhor.

3. FAZEI brotar no coração de cada criança, jovem, homem e mulher o desejo sincero de vos servir na prática do amor fraterno e na solidariedade, nós vos pedimos, Senhor.

4. TORNAI-NOS sempre atentos aos sinais dos tempos, e que tenhamos um coração humilde, sereno e acolhedor, servidor e cumpridor de vossa vontade, como o coração de Maria, nós vos pedimos, Senhor.

5. GUARDAI em vosso amor as crianças, trigais de vosso Reino, e que jamais sejam violentadas em sua dignidade pelos sem Deus e sem coração no mundo, nós vos pedimos, Senhor.

6. *(Outras intenções...)*
Pres.: Guardai vosso povo, Senhor Deus, que deseja vossa contínua presença, e que, em seus gestos de piedade, manifesta o amor e a confiança que tem em vós e em vosso Filho Jesus, que convosco vive e reina para sempre.

LITURGIA EUCARÍSTICA
Partilhar e Agradecer!

(Os humildes pescadores, escolhidos por Deus para a pesca da imagem, mostram-nos que Deus continua a olhar com compaixão para os menos favorecidos. Maria é acolhimento generoso de Deus e de nós, seus filhos e filhas. Partilhemos, pois, a vida e os dons.)

13. Cântico das Ofertendas
Como vai ser?
1. Como vai ser? Nossa festa não pode seguir: Tarde demais pra buscar outro vinho e servir.
Em meio a todo sobressalto, é Maria, quem sabe lembrar: "Se o meu Filho está presente, nada pode faltar!" "Se o meu Filho está presente, nada pode faltar!"
2. Mas que fazer? Se tem água, tem vinho também: Basta um sinal! E em Caná quem provou: "Tudo bem!"
3. Como não crer? A alegria da vida nos vem. Quando os irmãos põem à mesa seus dons e o que têm.

14. Oração sobre as Ofertendas
Pres.: Orai, irmãos e irmãs, para que esta nossa família, reunida em nome de Cristo para louvar a Padroeira do Brasil, possa oferecer um sacrifício que seja aceito por Deus Pai todo-poderoso.
— Receba o Senhor por tuas mãos este sacrifício, para glória do seu nome, para nosso bem e de toda a santa Igreja.

Pres.: ACOLHEI, ó Deus, as preces e oferendas apresentadas em honra de Maria, Mãe de Jesus Cristo, vosso Filho; concedei que elas vos sejam agradáveis e nos tragam a graça da vossa proteção. Por Cristo, nosso Senhor.
— Amém.

15. Oração Eucarística III
(Missal, p. 482; Pf. p. 678 – Ou à escolha do Presidente)
Pres.: O Senhor esteja convosco.
— Ele está no meio de nós.
Pres.: Corações ao alto.
— O nosso coração está em Deus.
Pres.: Demos graças ao Senhor, nosso Deus.
— É nosso dever e nossa salvação.
Pres.: NA VERDADE, é justo e necessário, é nosso dever e salvação dar-vos graças, sempre e em todo o lugar, Senhor, Pai santo, Deus eterno e todo-poderoso. A fim de preparar para o vosso Filho mãe que fosse digna dele, preservastes a Virgem Maria da mancha do pecado original, enriquecendo-a com a plenitude da vossa graça. Nela, nos destes as primícias da Igreja, esposa de Cristo, sem ruga e sem mancha, resplandecente de beleza. Puríssima, na verdade, devia ser a Virgem que nos daria o Salvador, o Cordeiro sem mancha, que tira os nossos pecados. Escolhida, entre todas as mulheres, modelo de santidade e advogada nossa, ela intervém constantemente em favor de vosso povo. Unidos à multidão dos anjos e dos santos, proclamamos a vossa bondade, cantando (dizendo) a uma só voz:
— Santo, Santo, Santo, Senhor, Deus do universo! O céu e a terra proclamam a vossa glória. Hosana nas alturas! Bendito o que vem em nome do Senhor! Hosana nas alturas!
Pres.: NA VERDADE, vós sois santo, ó Deus do universo, e tudo o que criastes proclama o vosso louvor, porque, por Jesus Cristo, vosso Filho e Senhor nosso, e pela força do Espírito Santo, dais vida e santidade a todas as coisas e não cessais de reunir o vosso povo, para que vos ofereça em toda parte, do nascer ao pôr-do-sol, um sacrifício perfeito.

— **Santificai e reuni o vosso povo!**
Pres.: POR ISSO, nós vos suplicamos: santificai pelo Espírito Santo as oferendas que vos apresentamos para serem consagradas, a fim de que se tornem o Corpo e ✝ o Sangue de Jesus Cristo, vosso Filho e Senhor nosso, que nos mandou celebrar este mistério.
— **Santificai nossa oferenda, ó Senhor!**
Pres.: NA NOITE em que ia ser entregue, ele tomou o pão, deu graças, e o partiu e deu a seus discípulos, dizendo:
TOMAI, TODOS, E COMEI: ISTO É O MEU CORPO, QUE SERÁ ENTREGUE POR VÓS.
Pres.: Do mesmo modo, ao fim da ceia, ele tomou o cálice em suas mãos, deu graças novamente, e o deu a seus discípulos, dizendo:
TOMAI, TODOS, E BEBEI: ESTE É O CÁLICE DO MEU SANGUE, O SANGUE DA NOVA E ETERNA ALIANÇA, QUE SERÁ DERRAMADO POR VÓS E POR TODOS, PARA REMISSÃO DOS PECADOS. FAZEI ISTO EM MEMÓRIA DE MIM.
Pres.: Eis o mistério da fé!
— **Salvador do mundo, salvai-nos. Vós que nos libertastes pela cruz e ressurreição!**
Pres.: CELEBRANDO agora, ó Pai, a memória do vosso Filho, da sua paixão que nos salva, da sua gloriosa ressurreição e da sua ascensão ao céu, e enquanto esperamos a sua nova vinda, nós vos oferecemos em ação de graças este sacrifício de vida e santidade.
— **Recebei, ó Senhor, a nossa oferta!**
Pres.: OLHAI com bondade a oferenda da vossa Igreja, reconhecei o sacrifício que nos reconcilia convosco e concedei que, alimentando-nos com o Corpo e o Sangue do vosso Filho, sejamos repletos do Espírito Santo e nos tornemos em Cristo um só corpo e um só espírito.
— **Fazei de nós um só corpo e um só espírito!**
Pres.: QUE ELE FAÇA de nós uma oferenda perfeita para alcançarmos a vida eterna com os vossos santos: a Virgem Maria, Mãe de Deus, São José, seu esposo, os vossos Apóstolos e Mártires, **N.** *(o santo do dia ou o padroeiro)* e todos os santos, que não cessam de interceder por nós na vossa presença.
— **Fazei de nós uma perfeita oferenda!**
Pres.: E AGORA, nós vos suplicamos, ó Pai, que este sacrifício da nossa reconciliação estenda a paz e a salvação ao mundo inteiro. Confirmai na fé e na caridade a vossa Igreja, enquanto caminha neste mundo: o vosso servo o papa **N.**, o nosso bispo **N.**, com os bispos do mundo inteiro, o clero e todo o povo que conquistastes.
— **Lembrai-vos, ó Pai, da vossa Igreja!**
Pres.: ATENDEI às preces da vossa família, que está aqui, na vossa presença. Reuni em vós, Pai de misericórdia, todos os vossos filhos e filhas dispersos pelo mundo inteiro.
— **Lembrai-vos, ó Pai, dos vossos filhos!**
Pres.: ACOLHEI com bondade no vosso reino os nossos irmãos e irmãs que partiram desta vida e todos os que morreram na vossa amizade. Unidos a eles, esperamos também nós saciar-nos eter-

namente da vossa glória, por Cristo, Senhor nosso.
— **A todos saciai com vossa glória!**
Pres.: Por ele dais ao mundo todo bem e toda graça.
Pres.: POR CRISTO, com Cristo, em Cristo, a vós, Deus Pai todo-poderoso, na unidade do Espírito Santo, toda a honra e toda a glória, agora e para sempre.
— **Amém.**

RITO DA COMUNHÃO
União e Partilha!

16. Oração do Pai-nosso
Pres.: Antes de participar do banquete da Eucaristia, sinal de reconciliação e vínculo de união fraterna, rezemos, juntos, como o Senhor nos ensinou:
— **PAI NOSSO...**
Pres.: Livrai-nos de todos os males, ó Pai, e dai-nos hoje a vossa paz. Ajudados pela vossa misericórdia, sejamos sempre livres do pecado e protegidos de todos os perigos, enquanto, vivendo a esperança, aguardamos a vinda do Cristo Salvador.
— **Vosso é o reino, o poder e a glória para sempre!**

17. Oração pela Paz
Pres.: Senhor Jesus Cristo, dissestes aos vossos Apóstolos: eu vos deixo a paz, eu vos dou a minha paz. Não olheis os nossos pecados, mas a fé que anima vossa Igreja; dai-lhe, segundo o vosso desejo, a paz e a unidade. Vós, que sois Deus com o Pai e o Espírito Santo.
— **Amém.**
Pres.: A paz do Senhor esteja sempre convosco.
— **O amor de Cristo nos uniu.**
Pres.: No Espírito de Cristo ressuscitado, saudai-vos com um sinal de paz!

18. Fração do Pão
Pres.: Esta união do Corpo e do Sangue de Jesus, o Cristo e Senhor nosso, que vamos receber, nos sirva para a vida eterna.
— **Cordeiro de Deus, que tirais o pecado do mundo, tende piedade de nós. Cordeiro de Deus, que tirais o pecado do mundo, tende piedade de nós. Cordeiro de Deus, que tirais o pecado do mundo, dai-nos a paz.**
Pres.: Senhor Jesus Cristo, o vosso Corpo e o vosso Sangue, que vou receber, não se tornem causa de juízo e condenação; mas, por vossa bondade, sejam sustento e remédio para minha vida.
Pres.: Provai e vede como o Senhor é bom; feliz de quem nele encontra seu refúgio. Eis o Cordeiro de Deus, que tira o pecado do mundo.
— **Senhor, eu não sou digno(a) de que entreis em minha morada, mas dizei uma palavra e serei salvo(a).**

19. Cântico da Comunhão
Salmo 34
Bendirei ao Senhor todo tempo, minha boca vai sempre louvar, a minh'alma o Senhor glorifica os humildes irão se alegrar.
1. Vamos juntos dar glória ao Senhor e ao seu nome fazer louvação. Procurei e o Senhor me atendeu me livrou de uma grande aflição. Olhem todos pra ele e se alegrem, todo o tempo sua boca sorria. Este pobre gritou e ele ouviu, fiquei livre da minha agonia.

2. Acampou na batalha seu anjo, defendendo seu povo e o livrando, provem todos, pra ver como é bom, O Senhor que nos vai abrigando. Povo santo, adore o Senhor, aos que temem nenhum mal assalta. Quem é rico empobrece e tem fome, mas a quem busca a Deus, nada falta.

3. Ó meus filhos, escutem o que eu digo pra aprender o temor do Senhor. Quem de nós que não ama sua vida, e a seus dias não quer dar valor? Tua língua preserva do mal e não deixes tua boca mentir. Ama o bem e detesta a maldade. Vem a paz procurar e seguir.

4. Sobre o justo o Senhor olhe sempre seu ouvido se põe a escutar; que teus olhos se afastem dos maus, pois ninguém deles vai se lembrar. Deus ouviu quando os justos chamaram e livrou-os de sua aflição. Está perto de quem se arrepende, ao pequeno ele dá salvação.

20. Antífona *(Pr 31,28.15)*
Seus filhos se erguem para proclamá-la bem-aventurada. Ela se levanta antes da aurora para dar o alimento a cada um.

21. Oração Pós-Comunhão
Pres.: **OREMOS:** ALIMENTADOS com o Corpo e o Sangue de vosso Filho, nós vos suplicamos, ó Deus: dai ao vosso povo, sob o olhar de Nossa Senhora da Conceição Aparecida, irmanar-se nas tarefas de cada dia para a construção do vosso reino. Por Cristo, nosso Senhor.
— **Amém.**

RITOS FINAIS
Ide e anunciai!

22. Bênção Solene
Pres.: O Senhor esteja convosco.
— **Ele está no meio de nós.**
Pres.: O Deus de bondade, que, pelo Filho da Virgem Maria, quis salvar a todos, enriqueça-vos com sua bênção.
— **Amém.**
Pres.: Seja-vos dado sentir sempre e por toda parte a proteção da Virgem, por quem recebestes o autor da vida.
— **Amém.**
Pres.: E vós, que vos reunistes hoje para celebrar sua solenidade, possais colher a alegria espiritual e o prêmio eterno.
— **Amém.**
Pres.: Abençoe-vos Deus todo-poderoso, Pai † e Filho e Espírito Santo.
— **Amém.**
Pres.: Levai a todos a alegria do Senhor ressuscitado; ide em paz e o Senhor vos acompanhe.
— **Graças a Deus!**

Cânticos: Hinário Litúrgico – Festas Litúrgicas I – CNBB.

Cantos disponíveis no YouTube. Para ouvi-los, busque a *playlist* com o nome Cantos da Solenidade da Padroeira do Brasil – 2021.

Cânticos

Cantos disponíveis no YouTube.
Para ouvi-los, busque a *playlist* com o nome
Cantos da Solenidade da Padroeira do Brasil – 2021

1. Virgem Mãe Aparecida
(Pe. João B. Lehmann)
1. Virgem Mãe Aparecida,/ estendei o vosso olhar/ sobre o chão de nossa vida,/ sobre nós e nosso lar.
Virgem Mãe Aparecida,/ nossa vida e nossa luz,/ *dai-nos sempre nesta vida/ paz e amor no bom Jesus.* **(bis)**
2. Peregrinos, longes terras/ caminhamos através/ de altos montes, de altas serras,/ para vos beijar os pés.
3. Estendei os vossos braços/ que trazeis no peito em cruz,/ para nos guiar os passos/ para o reino de Jesus.
4. Desta vida nos extremos/ trazei paz, trazei perdão/ a nós, Mãe, que vos trazemos/ com amor no coração.

2. Aparecida do Brasil
(Glória Viana)
1. Virgem Mãe tão poderosa,/ Aparecida do Brasil!/ Mãe fiel aos seus devotos,/ de cor morena, uniu os filhos seus./ Mãe, és Rainha dos peregrinos/ que vêm de longe pra te saudar!/ Mãe venerada, sejas louvada!/ És o orgulho do Brasil!
2. Mãe, teu nome ressurgido/ dentro das águas de um grande rio,/ espalhou-se como o vento,/ de sul a norte pra nós surgiu!/ Mãe caridosa, sempre esperando,/ de mãos erguidas, os filhos teus,/ tu és Rainha do mundo inteiro,/ Aparecida do Brasil!

3. O milagre de Nossa Senhora
(Pe. Ronoaldo Pelaquin, C.Ss.R.)
1. Foi nos tempos bem longe na história,/ que nas águas do rio sucedeu:/ pescadores buscavam sustento,/ alimento pra quem não comeu./ Todos lembram, está na memória,/ o milagre nascido nas águas,/ o milagre da pesca da imagem,/ o milagre de Nossa Senhora.
Vamos todos cantar com amor,/ relembrando a imagem querida:/ *A minh'alma engrandece o Senhor/ pela Santa de Aparecida!* **(bis)**
2. Na Capela do Morro Coqueiro,/ quanta coisa bonita se viu./ Quanta gente pedindo, chorando,/ implorando a cura na hora./ Todos lembram o tal cavaleiro,/ e o milagre das velas no altar,/ o milagre do negro escravo,/ o milagre de Nossa Senhora.
3. Romarias de longe vieram,/ carregadas no embalo da fé,/ procurando, quem sabe, uma graça, pras desgraças que sempre tive-

ram./ Todos querem também como outrora um milagre pra poder viver,/ o milagre do amor que não passa,/ o milagre de Nossa Senhora!

4. Nossa Senhora da Luz
(Casemiro V. Nogueira)
1. Quem é essa mulher/ tão formosa, vestida de sol?/ Quem é essa mulher/ tão bonita como o arrebol?/ Quem é essa mulher/ coroada co'estrelas do céu?/ Quem é essa mulher/ de sorriso meigo, doce como o mel?
É Maria, a Mãe de Jesus!/ É Maria, a Senhora da Luz! (bis)
2. Quem é essa mulher/ de ternura expressa no olhar?/ Quem é essa mulher/ braços fortes, rainha do lar?/ Quem é essa mulher/ que aceitou dar ao mundo a Luz?/ Quem é essa mulher/ que carregou em seu ventre Jesus?
3. Quem é essa mulher/ companheira de caminhada?/ Quem é essa mulher/ caminheira em nossa jornada?/ Quem é essa mulher/ que nos mostra a face de Deus?/ Quem é essa mulher/ que caminha junto com o povo seu?
4. Quem é essa mulher/ que se faz mãe, com todas as mães? Quem é essa mulher/ que é senhora, que é serva, que é mãe?/ Quem é essa mulher/ Mãe do povo, auxílio na cruz?/ Quem é essa mulher?/ É a Mãe de Deus, a Senhora da Luz!

5. Nossa Senhora, me dê coragem
(Pe. Ronoaldo Pelaquin, C.Ss.R.)
Nossa Senhora, me dê coragem,/ nos desesperos do coração./ Nos desesperos da caminhada,/ Nossa Senhora, me dê a mão.
1. Sempre a meu lado ela estava quando eu andava longe de Deus./ Agora que lhe entreguei meu coração,/ que lhe fiz consagração do meu corpo e todo ser,/ agora que me arrependo do mal feito,/não tem jeito o pecado,/ Deus comigo eu quero ter.
2. Como eu bem sei que sou tão fraco e nos seus braços terei amor,/ não desanimo quando ouvir a tentação,/ pois terei sempre perdão cada vez que eu cair./ Em vez de medo eu terei de Deus temor,/ para não ficar no chão quando a morte, enfim, vier.

6. És, Maria, a virgem que sabe ouvir
(L.: Dom Carlos Alberto Navarro/ M.: Waldeci Farias)
1. És, Maria, a Virgem que sabe ouvir/ e acolher com fé a Santa Palavra de Deus./ Dizes "sim" e logo te tornas Mãe;/ dás à luz depois o Cristo que vem nos remir.
Virgem que sabe ouvir/ o que o Senhor te diz!/ Crendo geraste quem te criou! Ó Maria, tu és feliz!
2. Contemplando o exemplo que tu nos dás,/ nossa Igreja escuta, acolhe a Palavra com fé./ E anuncia a todos, pois ela é pão/ que alimenta; é luz que a sombra da História desfaz.

7. Palavras santas do Senhor
(L.: Balduino Meurer/ M.: Melodia popular)
Palavras santas do Senhor eu guardarei no coração. (bis)
1. Vossa Palavra é uma luz a iluminar/ o vosso povo em marcha alegre para o Pai.

2. Palavra viva, penetrante e eficaz,/ que nos dá força, nos dá vida, amor e paz.
3. De muitos modos Deus falou a nossos pais;/ ultimamente, por seu Filho, nos falou.

8. Palavra do Senhor
(Cristiane e Marcos da Matta)
1. Palavra do Senhor,/ amor de Deus revelado./ Palavra é o próprio Jesus,/ o verbo, o amor e a luz./ Palavra do Senhor,/ amor em alta expansão,/ amor a nos comunicar/ que veio entre nós habitar.
Fala, Senhor,/ fala, Senhor,/ fala, Senhor,/ que teu servo escuta. (bis)
2. Palavra do Senhor,/ na ação do amor semeada./ Não busca a escolha do chão,/ germina bem no coração./ Palavra do Senhor,/ aceita, vai só crescer,/ floresce na vida comum:/ dá frutos até cem por um.
3. Palavra do Senhor/ é bela e tão vivenciada:/ no lar tem o seu lugar,/ no bairro tem o seu altar./ Palavra do Senhor/ revela o rosto de Deus,/ revela o seu plano de amor,/ fermenta na Igreja o ardor.

9. Com flores e com hinos
(José Acácio Santana)
Com flores e com hinos,/ com sentimentos bons,/ à Mãe dos peregrinos,/ trazemos nossos dons./ À Mãe dos peregrinos trazemos nossos dons.
1. O pão de cada dia e o dom de ter um lar,/ na casa de Maria queremos ofertar.
2. A chuva e o orvalho,/ o sol que vem brilhar,/ e a bênção do trabalho queremos ofertar.
3. A Santa Mãe, ajude dos males nos livrar,/ e a graça da saúde possamos ofertar.
4. A oferta mais sagrada do nosso coração/ é a vida consagrada à sua proteção.

10. Vinde, vamos, todos
(Harpa de Sião)
Vinde, vamos, todos,/ com flores à porfia,/ com flores a Maria,/ que Mãe nossa é./ Com flores a Maria,/ que Mãe nossa é.
1. De novo aqui devotos,/ ó Virgem Mãe de Deus,/ estão os filhos teus/ prostrados a teus pés.
2. A oferecer-te vimos/ flores do mês eleito,/ com quanto amante peito,/ Senhora, tu vês.
3. Mas o que mais te agrada/ do que o lírio e a rosa,/ recebe, ó Mãe piedosa,/ o nosso coração.
4. Em troca te pedimos:/ Defende-nos, Senhora,/ agora e na última hora/ tua potente mão.

11. Olhai as flores, Senhora
(Pe. Ronoaldo Pelaquin, C.Ss.R.)
1. Olhai as flores, Senhora,/ as flores que ofereço,/ embora sei, não mereço,/ olhai as flores, Senhora./ Flores de amores, Senhora,/ flores de dores também./ Flores de espinhos ou sem,/ olhai as flores, Senhora.
Olhai, olhai, Senhora,/ as flores que ofereço,/ olhai, olhai! (bis)
2. Olhai as flores, Senhora,/ que eu consegui cultivar,/ que trouxe a vosso altar,/ olhai as flores, Senhora./ Assim bonitas, Senhora,/ assim vermelhas e brancas,/ agora bentas e santas,/ olhai as flores, Senhora.
3. Olhai as flores, Senhora,/ quando eu preciso comprar,/ por não saber cultivar,/ olhai as flores,

Senhora./ Mas sou feliz, ó Senhora,/ porque plantaram pra mim:/ rosas, violetas, jasmim.../ Olhai as flores, Senhora.
4. Olhai as flores, Senhora,/ enquanto eu faço um pedido./ Preciso ser atendido,/ olhai as flores, Senhora./ Levai as flores, Senhora,/ a nosso Deus, lá no céu,/ o vosso Deus e o meu,/ levai as flores, Senhora.
Levai, levai, Senhora,/ as flores que ofereço,/ levai, levai! (bis)

12. Nessa curva do rio
(Pe. Lúcio Floro/ Cônego José Guimarães)
1. Nessa curva do rio, tão mansa,/ onde o pobre seu pão foi buscar,/ o Brasil encontrou a esperança:/ Esta mãe que por nós vem rezar!
O mistério supremo do Amor,/ com Maria viemos cantar!/ *A noss'alma engrandece o Senhor!*/ Deus que salva, hoje, é Pão neste altar. (bis)
2. Nosso altar tem um jeito de mesa,/ e aqui somos um só coração./ Que esta festa nos dê a certeza:/ Não teremos mais mesa sem pão!
3. Quando o vinho faltou, foi Maria/ que em Caná fez a prece eficaz./ Nosso povo aqui veio e confia:/ Quer seu pão e ter voz e ter paz.
4. Há soberbos no trono com tudo... E há pobres sem nada no chão.../ Deus é Pai! Ela é Mãe! Não me iludo:/ Não és rico, nem pobre, és irmão!

13. Venham todos para a Ceia do Senhor
...: D. Carlos A. Navarro/ M.: Ir. Miria T. olling, ICM)
Venham, venham todos, para a Ceia do Senhor!/ Casa iluminada, mesa preparada,/ com paz e amor./ Porta sempre aberta,/ Pai amigo, aguardando, acolhedor./ Vem do Alto, por Maria,/ este Pão que vai nos dar./ Pão dos anjos – quem diria! –/ nos fará ressuscitar!
1. Canta a Igreja o Sacrifício/ que, na Cruz, foi seu início!/ E, antes, Jesus quis entregar/ Corpo e Sangue em alimento,/ precioso testamento!/ Como não nos alegrar?!
2. Para a fonte "Eucaristia"/ vai sedenta a romaria,/ volta em missão de transformar./ Cada um e todo o povo,/ construindo um mundo novo,/ – como não nos alegrar?!
3. Com a solidariedade/ renovar a sociedade,/ pela justiça e paz lutar./ Vendo o pão em cada mesa,/ vida humana com nobreza,/ – como não nos alegrar?!
4. A assembleia manifesta:/ a Eucaristia é festa!/ Somos irmãos a celebrar./ Povo santo e penitente,/ que se encontra sorridente,/ – como não nos alegrar?!

14. Graças e louvores
(Pe. Ronoaldo Pelaquin, C.Ss.R.)
Graças e louvores nós vos damos/ a cada momento,/ ó *Santíssimo e Diviníssimo Sacramento*. (bis)
1. No Sacramento misterioso do teu altar,/ o que era pão agora é a carne de Jesus./ *Quero adorar o Corpo de Deus,/ quero teu corpo adorar.* (bis)
2. No Sacramento misterioso do teu altar,/ o que era vinho agora é o Sangue de Jesus./ *Quero adorar o Sangue de Deus,/ quero teu Sangue adorar.* (bis)

3. Se tu me deste tua vida, ó meu Senhor,/ se tu me deste tua vida em comunhão,/ *quero distribuir-te a meu irmão,/ quero distribuir-te com meu amor.* (bis)

15. Eu te adoro, ó Cristo
(Letra livre do Hino de Santo Tomás de Aquino/ M.: Pe. Ronoaldo Pelaquin, C.Ss.R.)
1. Eu te adoro, ó Cristo, Deus no santo altar,/ neste Sacramento vivo a palpitar./ Dou-te sem partilha, vida e coração,/ pois de amor me inflamo, na contemplação.
Tato e vista falham, bem como o sabor;/ só por meu ouvido tem a fé vigor./ Creio o que disseste, ó Jesus, meu Deus,/ Verbo da Verdade, vindo a nos do céu.
Jesus, nós te adoramos! (4x)
2. Tua divindade não se viu na cruz,/ nem a humanidade vê-se aqui, Jesus./ Ambas eu confesso como o Bom Ladrão,/ e um lugar espero na eternal mansão.
Não me deste a dita, como a São Tomé,/ de tocar-te as chagas, mas eu tenho fé./ Faze que ela cresça com o meu amor,/ e a minha esperança tenha novo ardor.
3. Dos teus sofrimentos é memorial,/ este Pão de vida, Pão celestial./ Dele eu sempre queira mais me alimentar,/ sentir-lhe a doçura divinal sem par.
Bom Pastor piedoso, Cristo, meu Senhor,/ lava, no teu Sangue, a mim pecador,/ pois que uma só gota pode resgatar/ do pecado o mundo e o purificar.
4. Ora te contemplo sob espesso véu,/ mas desejo ver-te, bom Jesus, no céu./ Face a face um dia, hei de ti gozar,/ nesta doce Pátria e sem fim te amar. Amém.

16. Jesus Cristo está realmente
(Popular brasileiro)
1. Jesus Cristo está, realmente,/ de dia e de noite presente no altar,/ esperando que cheguem as almas,/ humildes, confiantes, para o visitar.
Jesus, nosso irmão, Jesus Redentor,/ nós te adoramos na Eucaristia,/ Jesus de Maria, Jesus, Rei de amor. (bis)
2. O Brasil, esta terra adorada,/ por ti abençoada foi logo ao nascer./ Sem Jesus, o Brasil, Pátria amada,/ não pode ser grande, não pode viver.
3. Brasileiros, quereis que esta Pátria,/ tão grande, tão bela, seja perenal?/ Comungai, comungai todo dia:/ a Eucaristia é vida imortal.

17. Viva Cristo na hóstia sagrada
(L.: Pe. João Lírio/ M.: Fr. Paulo A. de Assis)
Viva Cristo na Hóstia Sagrada, nosso Deus, nosso Pão, nossa lei. Entre nós, no Brasil,/ pátria amada,/ viva Cristo Jesus, nosso Rei!
1. Brasileiros em preces e cantos,/ vamos todos Jesus aclamar./ Rei dos homens dos anjos e santos,/ nós te cremos presente no altar!
2. Por nós homens no altar te ofereces/ a Deus Pai, como outrora na Cruz./ Também nós, nossa almas, em prece,/ ofertamos contigo, Jesus.
3. No Natal, nosso irmão te fizeste,/ por bondade do teu coração,/ mas agora, em amor tão celeste, queres mais:/ Queres ser nosso Pão.
4. Hóstia Santa, das almas a chama,/ sol do mundo, das noites, luz,/ o Brasil genuflexo te aclama: Salve Rei, Salve Cristo Jesus!

18. Louvado seja Nosso Senhor Jesus Cristo
(Pe. Ronoaldo Pelaquin, C.Ss.R.)

Louvado seja Nosso Senhor Jesus Cristo!/ Para sempre seja louvado!/ Para sempre seja louvado! (bis)

1. A história em Nazaré aconteceu,/ quando o anjo do Senhor apareceu,/ à Santa Virgem Maria,/ dizendo que ela seria/ a Mãe do Filho de Deus,/ e cujo nome seria/ o de Jesus Salvador,/ Jesus, o Cristo Senhor.
2. A história em nossa vida continua,/ quando a minha fé em Deus é igual a sua,/ para louvar o amor/ que de Maria nasceu/ e que por nós na cruz morreu./ Louvado seja o amor,/ louvado seja Jesus,/ Jesus, o Cristo Senhor.

19. Coração acolhedor
(Júlio Ricarte)

1. Senhora Aparecida,/ recebe agora os dons dos filhos teus./ Senhora Aparecida, entrega depois esses dons ao nosso Deus.

Coração acolhedor da Palavra, educador da fé,/ inspirador da missão: Maria, transborda tua paz!/ Vem consolar os aflitos: hoje e sempre, os filhos teus,/ Pois só tu és, ó Maria, "reflexo do coração materno de Deus".

2. Senhora Aparecida,/ percebe com quanto amor aqui viemos./ Senhora Aparecida, acolhe o pouco que temos e aqui trazemos.
3. Senhora Aparecida,/ consegue graça do amor aos devotos teus./ Senhora Aparecida,/ alcança um lugar para nós no céu de Deus.

20. Se eu não tiver amor
(D.R.)

Se eu não tiver amor, eu nada sou, Senhor! (bis)

1. O amor é compassivo,/ o amor é serviçal,/ o amor não tem inveja,/ o amor não busca o mal.
2. O amor nunca se irrita,/ não é nunca descortês,/ o amor não é egoísta,/ o amor nunca é dobrez.
3. O amor desculpa tudo,/ o amor é caridade,/ não se alegra na injustiça,/ é feliz, só na verdade.
4. O amor suporta tudo,/ o amor em tudo crê,/ o amor guarda a esperança,/ o amor sempre é fiel.
5. Nossa fé, nossa esperança,/ junto a Deus, terminará,/ mas o amor será eterno,/ o amor não passará.

21. Oferta de alimentos
(Silvio Lino)

1. Senhora da vida, Mãe do Salvador,/ a ti nós trazemos o pranto e a dor/ de um povo que luta à procura do pão,/ trabalho, justiça, um mundo irmão.

Por nossas mãos, em tuas mãos,/ gesto concreto do coração:/ compartilhar do que Deus dá,/ em procissão o pão partilhar.

2. Maria em Caná fez a prece eficaz:/ Que o filho Jesus não deixasse faltar/ o vinho na mesa de quem acredita./ Em Aparecida também o convida.
3. Ninguém é tão pobre que não possa dar,/ talvez, um sorriso, um abraço, um olhar./ Estender as mãos ao menor dos irmãos/ é comprometer-se com a vida cristã.

22. Mãe Aparecida
(José Acácio Santana)

1. Eu deixei tudo e coloquei o pé na estrada/ pra visitar a Santa Mãe Aparecida./ Trouxe comigo uma esperança renovada/ de ser melhor e mais feliz em minha vida.
Eu vim de longe ver a Mãe Aparecida,/ Nossa Senhora Imaculada Conceição/. Quero voltar com sua bênção, Mãe querida,/ levando fé e muita paz no coração.
2. Aqui cheguei no Santuário de Maria/ e ajoelhado meu pedido vou fazer./ Quero que a Santa veja a minha romaria e me renove à alegria de viver.
3. Eu vou partir deixando longe Aparecida,/ terei saudade dessa peregrinação./ Eu vim contente consagrar a minha vida/ e vou levando a paz de Deus no coração.

23. Companheira Maria
(Raimundo Brandão)

1. Companheira Maria,/ perfeita harmonia/ entre nós e o Pai,/ modelo dos consagrados,/ nosso sim ao chamado/ do Senhor confirmai.
Ave, Maria,/ cheia de graça,/ plena de raça e beleza,/ queres com certeza que a vida renasça./ Santa Maria,/ Mãe do Senhor,/ que se fez Pão para todos,/ criou mundo novo só por amor.
2. Intercessora Maria,/ perfeita harmonia/ entre nós e o Pai,/ justiça dos explorados,/ combate o pecado,/ torna todos iguais.
3. Transformadora Maria,/ perfeita harmonia/ entre nós e o Pai,/ espelho de competência,/ afasta a violência,/ enche o mundo de paz.

24. Nova semente
(Ir. Elisabete T. do Prado, CIIC)

1. Meu jardim ganhou mais vida;/ meu amor, nova semente./ Hoje, faço aliança com você,/ com sua gente./ Na estrada dia a dia/ eu sustento o seu andar./ O meu brilho está em seus olhos/ e a minha, paz no seu olhar.
Vai, eu envio você./ Vai testemunhar./ Vai, eu envio você./ Por sua boca, irei falar. *(Final: Vai!)*
2. Meu jardim ganhou mais vida; meu amor, nova semente./ Hoje faço aliança com você,/ com sua gente./ Luz da terra, meu tesouro,/ povo meu, meu coração,/ e serei o seu consolo,/ alegria e salvação.

Texto:
Pe. Ferdinando Mancilio, C.Ss.R.
Revisão teológica e textual:
Pe. José Ulysses da Silva, C.Ss.R.
Pe. Domingos Sávio da Silva, C.Ss.R.
Pe. Eduardo Catalfo, C.Ss.R.
Capa:
Núcleo de Criação do Santuário Nacional

Cantos:
Ir. Alan Patrick Zuccherato, C.Ss.R.
Fr. Iorlando Rodrigues Fernandes, C.Ss.R.

Revisão:
Ana Lúcia de Castro Leite
Diagramação:
Bruno Olivoto

Todos os direitos reservados à **EDITORA SANTUÁRIO** – 2021

Rua Pe. Claro Monteiro, 342 – 12570-000 – Aparecida-SP
Tel.: 12 3104-2000 – Televendas: 0800 0 16 00 04
www.editorasantuario.com.br
vendas@editorasantuario.com.br

ISBN 978-65-5527-097